社群电商

新零售时代下的电商变革

付君锐 著

中国商业出版社

图书在版编目（CIP）数据

社群电商：新零售时代下的电商变革 / 付君锐著.
-- 北京：中国商业出版社，2020.1
ISBN 978-7-5208-1068-5

Ⅰ. ①社… Ⅱ. ①付… Ⅲ. ①电子商务－运营管理 Ⅳ. ①F713.365.1

中国版本图书馆CIP数据核字(2019)第284306号

责任编辑：杜辉

中国商业出版社出版发行
010-63180647　www.c-cbook.com
（100053　北京广安门内报国寺1号）
新华书店经销
三河市长城印刷有限公司印刷
*
710毫米×1000毫米　16开　12.75印张　175千字
2020年4月第1版　2020年4月第1次印刷
定价：58.00元
****
（如有印装质量问题可更换）

前言

社群：下一个电商入口

从PC互联网到移动互联网，时代向前发展，推动着网络经济进入到社群电商时代，这是一个时代促生的结果。魅力人格体、粉丝经济、用户的参与感、群成员的共同协作、情景营销、连接等都是社群电商时代的重要标签，社群时代让企业与人、人与人、人与物都形成了良好的连接。正是由于这样的连接，使以互联网为依托的电商有了另一个出口：社群电商。

在一个社群电商为主要趋势的时代，如果做到以人为本，以用户的真实需求为己任，以极致的产品体验为宗旨，真正掌握社群电商的运营模式，那么必然会成为这个时代的佼佼者，同时享受到社群电商带来的红利。

在互联网时代，传统的产品推广方式虽然很多，但已经不太符合这个时代的受众，因为用户看得太多，甚至千篇一律，容易产生审美疲劳，会产生推广成本高但收益甚微的效果，这也让大家开始重视粉丝经济、社群经济。未来的品牌没有粉丝肯定不行，因为产品好不好自己说了不算，粉丝说好才是真的好。未来很多企业可以没有自己的知名品牌，但是必须要有自己的粉丝社群，否则难以应对未来更加严苛的竞争。

2018年开始，社群电商就显示出了它的威力。

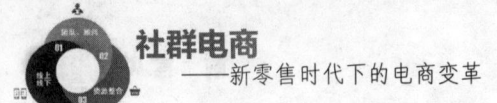

云集宣布完成1.2亿美元融资；

"好衣库"获得IDG资本领投的1亿元资金，完成A轮融资；

"有好东西"累计获得7000万美元融资。

同时，国内最大的社群电商平台拼多多成功在纳斯达克上市，成为仅次于天猫、京东的第三大电商平台。从传统电商到社交电商的转型，再到如今的社群电商，所有人都感受到电商社交化的发展趋势。

社群电商之所以大行其道，是在拥有粉丝的基础上得以实现的，粉丝除了有共同的爱好，还有自发传播的潜力。这些粉丝成为精准的用户以后还能够为社群电商提供更多的可能。

我们都知道一些以社群为基础并做得非常成功的案例，如吴晓波因为社群的火热，最后成功地把吴酒推向了市场。再比如罗振宇也是因为先有了粉丝的积累，最后成为知识付费营销第一人。雷军的小米系列也是源于粉丝的支持，从产品开发前的粉丝调研，到最后粉丝的营销支持，把产品与社群融合到极致。当然，在这几个案例中，都有着过硬的产品质量，同时也离不开意见领袖的带领和传播，所以更加凸显了社群的重要性以及社群中有话语权的意见领袖的重要性。

内容是媒体属性，用作流量入口；社群是关系属性，用来沉淀流量；商业是交易属性，实现流量价值。社群电商是移动互联网时代的一种商业趋势。这种商业趋势随着新零售的出现促进了自身的变革与进化。在未来，电子商务平台将会消失，线上线下和物流结合在一起，产生的一种经营业务模式，即"线上＋线下＋物流"。其本质是依靠新制造、新物流等业务，以消费者体验为中心，以行业降本增效为目的，以技术创新为驱动要素，进行全面更新的零售。

互联网在变，我们也必须跟随着它变，不然只会被它淘汰。营销也是如此，未来的营销方式就是移动社群营销，得趋势者得天下。抓住移动社群电商的发展趋势，赢在未来，为时未晚！

我因为在社群领域混迹多年，并且亲自指导了很多微商、社群营销的成功案例，所以才有了分析社群电商的初心。

本书共分为九章：

首先，解析了新零售时代下的电商变革，介绍新零售的特征和互联网时代的营销环境，让我们在新零售革命下重新定义消费场景，展望商业组织新形态，即从公司到社群。

其次，解析社群电商新生态、社群经济与粉丝经济以及传统电商的区别和联系。推导出社群电商营销的三角理论，场景＋关系＋信用。

再次，对微信、QQ、百度贴吧、众筹等主流平台社群的具体运营方法进行了实战解析。

最后，对社群时代的营销思维和运营要点进行了总结概述。

本书集理论指导、实战方法、成功案例于一体，帮助社群运营者全面掌握社群电商的应用。全书逻辑结构清晰，有理论有案例，适合社群电商领域从业者和移动互联网时代的营销管理人员等阅读学习及在实践中参考。

目录

第一章　新零售时代下的电商变革 / 1

　　新零售的特征：本地化、社群化 / 3

　　新零售社区服务体系未来走向 / 6

　　互联网时代的营销环境 / 11

　　新零售革命：重新定义消费场景 / 16

　　商业组织新形态：从公司到社群 / 20

第二章　认识社群电商新生态 / 25

　　社群是什么 / 27

　　社群经济与社群电商 / 32

　　粉丝经济与社群电商 / 36

　　传统电商与社群电商 / 41

第三章　社群电商营销三角理论：场景、关系、信用 / 47

　　场景：线上线下多平台售卖 / 49

　　关系：维护良好的用户关系，实现复购 / 52

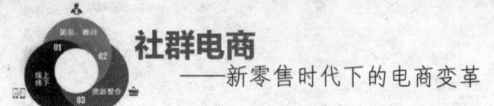

信用：维护良好的消费者评价，完善信用背书 / 57

第四章　四大平台，社群电商怎么"玩" / 61

微信：不可忽视的红利制造机 / 63

QQ社群：社群电商的全新生态体系 / 68

百度贴吧：社群电商的主战场之一 / 74

众筹：从众筹到社群电商众筹 / 79

第五章　社群电商操作的四大关键 / 85

"社群好友"升级为"用户" / 87

重视产品质量 / 92

寻找和培养意见领袖 / 96

尽心尽力地"玩" / 101

第六章　社群电商运营的要点 / 105

用5W1H定位运营目标 / 107

社群电商的运营法则 / 112

运营进化趋势 / 116

社群电商运营基本手段——情景营销 / 121

第七章　做社群电商，品效合一才是王道 / 127

社群电商的产品要精准推送给用户 / 129

社群电商的口碑营销 / 133

社群电商的粉丝引流 / 138

社群电商的用户运营 / 143

打造商品品牌，满足消费者的需求 / 147

第八章　社群电商三大产品思维 / 153

　　产品是入口，连接是根本 /155

　　做极致的用户产品体验 / 160

　　社群电商的产品用户反馈 / 165

第九章　社群电商的营销创新 / 169

　　合作营销：多赢共享新方式 / 171

　　关系营销：对用户的关注 / 175

　　数字营销：数字化时代的营销机遇 /180

　　知识营销：开发和利用人力资源 / 185

　　速度营销：提升速率，为用户创造更多价值 /189

参考文献 / 192

第一章 新零售时代下的电商变革

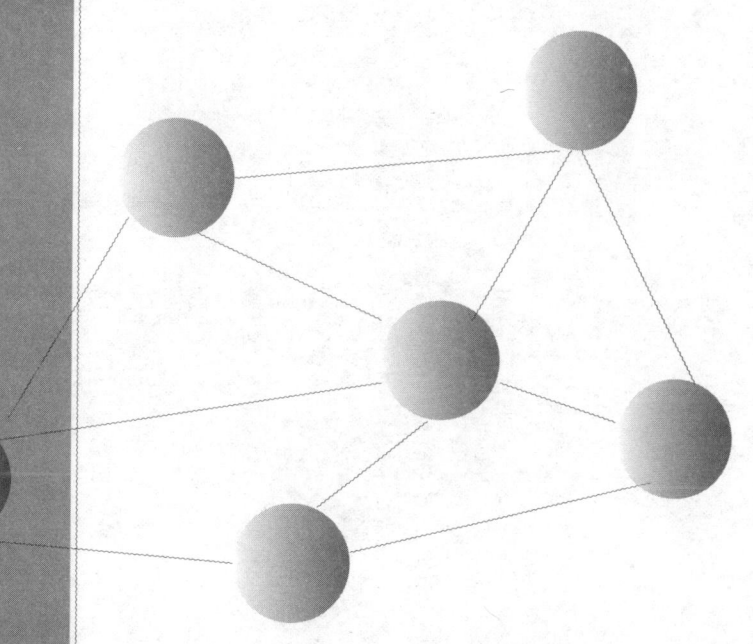

新零售的特征：本地化、社群化

新零售有什么特征呢？我们先来看一些案例：

某消费者在一个便利店买东西，不但可以线上支付，还可以实现足不出户在家就能轻松购物，在享受低折扣优惠的同时还能保证果蔬新鲜。是什么样的购物方式能做到这么便利呢？这种方式源于便利店店主组建的一个微信群，只要扫码进群就可以和本小区的邻居、伙伴们一起共享最新鲜的果蔬以及最低的折扣，最主要的是提供快递送货上门的服务。这家便利店店主的经营模式就是社群团购。

这种形式的社群团购在很多二三线城市的小区里都有，所以，也很符合新零售的基本特征，那就是本地化、社群化。

新零售和社群团购的代表如"阿里的盒马生鲜"服务模式就是三公里内半小时送达，所谓三公里的范围和半小时的送达时间就是一种本地化的表现，这种本地化实现的是全国各地的产品在本地可以购买，不需要跨越漫长的时间和距离。

未来，新零售本地化就是把产品和服务布局到本地的一种零售模式。这不但可以提高顾客的收货速度，还可以减少商家物流成本。新零售的本地化是对资源实现最优配置的一种方法和手段。

接下来，我们可以梳理一下新零售社群化的发展历程。

2006年前后，社群的形态是以新浪博客和网易为首的网络日志的形式，一时间聚集起大量的明星和网红文章。再后来，相继有大量的垂直网络社区开始出现，这些网络社区大部分专注在一个领域，如豆瓣、小红书、宝宝树等。

到了2009年，社群的形态以QQ群、微信群、微信公众号粉丝为载体的社群开始兴起。

2012年，是"罗辑思维""papi酱"最火的一年，"罗辑思维"最初是一个纯视频的自媒体节目，节目形式是由主持人罗振宇读书给你听，口号是"有种、有趣、有料"，该节目上线一年，单期视频点击率超过100万次，微信粉丝人数达到108万，"papi酱"更是火得不得了。他们之所以能做得这么好，在于集聚了粉丝的能力和传播能力，再后来罗辑思维还进行了跨界营销。这就是社群的威力，只要有了粉丝，不论卖什么都能赚。

到了2018年，社群的发展依旧在不断演进，许多以前知名度很高的当红网络社群早已销声匿迹，同时许多新兴的网络社群还在萌芽但已表现出了非凡的创造力。纵观这一年，还有大量的创业公司火速上市来获得融资。

随着社群形式的不断创新和发展，传统营销从营销工具、资源和要素这三方面正在发生巨大的变化。以前可以靠广告、渠道、明星代言、终端营销而获得成功，但现在靠这种大传播和人海战术已然失效。所以才有了"新零售"这一提法和商业模式。而入局新零售，最核心的点就是"社群"。无论是品牌方、新零售平台方、自媒体生态等领域，强调得最多的未来趋势就是："人以群分"。

人是社会化的动物,本能地需要寻求社会的认同,认同源于认知。人们都处于自己感兴趣的社群中,了解自己想了解的人和商品,谈论自己感兴趣的话题。互联网正在把人群切成一小块一小块的社群,产品如果没有社群粉丝的支持,很难调动传播势能。新零售的变革走向,最终实现的是社群电商,它具有互联网双向传播的专属模式,能打通企业与消费者之间最短的距离,从而没有了"企业"和"消费者"的虚名,只有"朋友"的统称。在社群电商的模式下,以"以信立商"为基准,让企业与消费者以一种互帮互助、共同成长的形态生存在一个社群里;而这帮消费者是因为被好的内容所吸引,才聚集成了一个社群;社群发展壮大,不断促成交易,完成社群经济的商业变现。

利用线上线下优势的融合,流量从集中式、垄断式的平台向分散化、深入化、多元化的多平台转变。新零售不再沿用"淘"的概念,更多的是通过安全系数高的"体验、分享"方式产生价值。卖方与买方之间的精准匹配将提升整体的交易效率,使当下的网络零售平台格局必将发生变化。真正的新零售,是从决胜终端到决胜社区。如通过微信群、小程序、抖音、快手等方式实现客户在线和客户转化,从而把线下流量、线上流量、社群流量和品牌流量打通。

新零售社区服务体系未来走向

前面我们讲了新零售的主要特征是本地化+社群化，在我看来，新零售+社群营销最终实现的是智慧化、精准化、一站式、全方位、多功能、高品质的社区生活服务体系。

从2015年2月开始，经过对整个中国市场O2O行业及商业模式的探索和对线下实体O2O门店长达一年的全面调研，虽然仍然有诸多的O2O项目破产、倒闭、血本无归等现象，但我们始终清晰地认定未来10到20年O2O社区商业综合体生态定会取代传统的社区商业模型。

以浙江万品天街创生项目为例，未来的新零售不但会实现社群化，更多的是要体现出全方位、更智慧、生活和服务相结合的一站式购物体验。

浙江万品天街网络科技有限公司于2016年2月成立，起初由杭州瑞君洋实业有限公司领投，注册资本5000万元。2017年12月在我的介绍下由投资人张献献并购瑞君洋实业有限公司领投的股份，张献献个人持股达到70%并担任公司董事长职位，我个人持30%的股份，并担任公司CEO职位，公司运营中心位于浙江省杭州市萧山区钱江世纪城国泰科技大厦，是一家集技术创新研发、电商、（线上线下）日用百货、生鲜蔬果、进口商品、食品销售、新零售服务为一体的互联网科技公司。公司主要以线下实体结合移动互联网发展趋势，以小区居民为中心的发展战略，创新创立 O2O+ 社区电商服务平台，打造智慧化社区，以线下"万品"生活服务中心结合线上移动端"天街"APP + 增值服务，全面推出 O2O+ 商业模型，并在传统社区 O2O 的基础上全面创新升级，以 O2O+ 创新模式，在全国范围内发展自主品牌"万品天街"。O2O+ 不仅拥有传统社区服务电商 O2O 的核心理念，还新增了智慧化、多功能、精准化 1 对 1 的增值服务，为小区居民提供一站式的生活服务平台，构建智慧化社区生态体系。

2018 年 10 月，公司与美的达成战略协议，并引进美的智能小卖柜。无人智能小卖柜将以万品天街超市为中心进行全面铺设来弥补门店无法 24 小时营业的痛点，在一个月的时间里，万品天街已经完成了 300 台无人智能小卖柜的布局，计划在未来的一年里完成杭州城区 1 万台无人智能小卖柜布局。

"万品天街"生活服务中心独具特色，能无缝对接全球采购。现有实体门店数家，面积最小的有 400 平方米，社区大店有 2200 平方米，400 平方米的社区店每天销售营业额均达到 3 万多元，一家门店年销售额在 1200 万元左右，利润约为 130 万元。万品天街一直以稳中求进为主，截至目前，无论是加盟店还是直营店都没有一家店关门或歇业，预计 5 年的时间内"万品天街"社区实体"万品"生活服务中心门店将达到 300 家，以江浙沪地区为主，其他一线城市为辅，瞄准小资白领快速布局国内高中档社区的战略发展方向，快速占领市场制高点。

浙江万品天街网络科技有限公司历经 4 年时间的运营和沉淀，已成为杭州市萧山区政府重点推荐的新零售企业。在 2017 年，企业被浙江省科技局认定为互联网新零售科技企业。

万品天街布局新零售和社区电商的成功，给我们带来以下几点参考和启示：

一、打造社区服务体系（线下万品生活服务中心）能为小区业主做些什么

（1）建立线下万品天街实体生活服务中心，解决居民日常所需的所有商品；

（2）优化整合国产和进口商品，满足小区居民多元化需求；

（3）服务中心所有商品有品质保证，发现假冒商品，假一赔百；

（4）服务中心所有商品的价格均低于市场平均价格；

（5）本小区居民无须再舍近求远去大型超市购物，免去了开车、停车、排队、搬运等一系列繁杂作业和程序；

（6）服务中心以满足居民各种需求为导向，可为小区居民提供衣物干洗、水洗代递代收、家政、维修、售后等贴心服务；

（7）服务中心拟在为小区居民免费提供亲子儿童游乐场地，若家长有特殊情况，本中心也可提供临时代看服务。

二、线上万品天街平台，业主可以通过天街APP解决什么难题

（1）小区业主万品天街商城下单15分钟即可免费送货到家（1元起送）；

（2）万品天街APP联合小区周边所有商家，足不出户可全面解决业主的日常生活所需；

（3）消费积分即可兑换增值的家政维修等服务，该小区的所有服务一键触发；

（4）本小区药店药品配送、上门门诊预约服务一键在手；

（5）异业联盟，在线预约即订即送；

（6）本小区水、电、气及物业等费用一键搞定；

（7）本小区的预订机票、火车票、蛋糕鲜花、开锁、租车、旅游等全面对接，选择即可预约各项服务。

三、这样的运营模式为社区带来哪些帮助

天街O2O+万品生活（服务中心）落户本社区，除上述为民提供服务外，公司的APP信息发布、共享及社交功能，可促进社区居民间的沟通交流，并引导建立线上闲置品互动交易及线下联系和活动。其服务内容包括：服务站、号码通、论坛、邻居对话、社区共享经济等。创新打造全国领先的智慧化社区，提高本社区的生活品质，进一步促进社区和谐，为本社区创造更大的经济效应和社会效应。

四、这样的模式为社会带来哪些效应

（1）天街O2O+万品生活服务中心落户社区后，O2O+可以大大提高小区的服务与品质，加快商品流转，有效地提升了运营效率；

（2）O2O+激活了存量，减少了资源闲置和浪费，同时还降低了居民用车出行次数，具有典型的节约能源、减轻马路车流压力、实现低碳经济的特征；

（3）减少了物价的虚高现象，有利于市场价格的合理化；

（4）倡导让利于民，有助于提高国民的生活品质；

（5）增进了线下的互动和交流，有利于社会的和谐；

（6）通过纯市场化的手段，实现了扩大消费、拉动内需作用，在一定程

度上解决了老百姓菜篮子工程等问题；

（7）实现了上下游以及关联资源的全产业链优化，降低了社会的综合成本；

（8）这个模式里面只有赢家，没有输家，把利益从博弈变为统一，建设属于社区自己的社区共享经济，实现真正的合作共赢。

随着新零售的多元化，竞争也在不断发生升级，零售业开始不断创新和发展。新业态、新业种、新的零售形式不断涌现，未来将出现零售+社交模式、无人店模式、社群零售等新型的模式。未来的社区新零售市场竞争，肯定不是一个人能玩得转的，甚至不是一家小公司能玩得转的，它将涉及供应链、营销体系、仓储配送体系、生鲜冷链体系、产品开发迭代、品牌形象设计、大数据分析、无人零售、增值服务等一系列的相关问题，零售是最底层的行业，也是最具入口价值的行业，由此可见社区新零售市场有非常大的成长空间。

互联网时代的营销环境

从传统时代过渡到互联网时代,又到目前的移动互联网时代,一次又一次地改变商业规则、商业模式、管理理念和思维定式。

往前追溯10年会发现不懂电脑操作是真的土。如今,如果不会使用移动互联网,可能大家会说你是火星来的。放眼当下,无论老人小孩,无论白领还是农村大妈,哪一个不是活在移动互联网的时代下?小孩子的作业是老师布置在家长群里的,依赖互联网;朋友聊天是在校友群里、战友群里、老乡群里,依赖互联网;生病挂号到网上找医生远程问诊,依赖互联网。金融、教育、养老、旅游等各行各业都借了移动互联网的东风。手机不离身,不管到哪里都是低头族,这似乎已经成了大部分人的常态。人们会通过微信群聊、抖音互动、小程序娱乐等社交软件与朋友进行交流;通过下载各类APP学习和游戏以及生活出行。除此之外,喜欢看新闻的人们也会通过手机了解最新的信息。而这一切都是以移动互联网为支撑的。在信息化快速发展的今天,移动互联网的迅猛普及与发展已经是一件有目共睹的事情。

在移动互联网环境下,人们的上网习惯、消费习惯、娱乐习惯等生活方式都发生了太多的变化。据相关调查显示,2018年双11天猫总成交额为912.17亿元,其中移动端成交占比为68.67%,由此可见一斑,由于互联

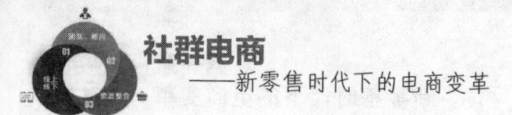

网改变了我们的生活和社交方式、购物方式,所以互联网时代的营销环境变了。

所以,我们需要思考的问题是,既然营销环境变了,那么在新环境下,如何做营销呢?

一、定位用户要优先于定位产品

新环境下的营销任务不是生产产品、卖掉产品、满足顾客需求,而是选择有益于企业成长的市场、找到目标顾客、创造顾客价值,以此提升企业的生存与竞争能力。

传统的营销观念是眼睛"由内往外"看,先生产产品,再去寻找渠道和方法销售产品;而现在的营销观念是眼睛"由外往内"看,营销活动开始于产品被生产出来之前。所以,要做的第一步就是定位用户,而不是生产产品。你要知道将来买你产品的人是谁,你才能有针对性地去生产产品。在很大程度上,你的粉丝、你网络上的社群关系,才有可能是你将来的种子用户。

用户与用户之间又存在区别,有的用户有号召力,我们称之为KOL;有的用户某方面需求特别强烈,我们称之为精准用户;有的用户互动意愿比较强烈,我们称之为天使用户。

过去的客户关系里,可能有大客户、重点客户之分。但是新营销的社群电商把消费者重新分层了。如说我们有的叫意见领袖(KOL),有的叫粉丝,他可能不仅仅是你的消费者,他甚至是你整个商业逻辑的传播者、商业逻辑里的一环,甚至是商业里的生产者(如用户原创内容UGC)。

社群真正实现了"人以群分"。消费者与厂商的关系也被再次细分,不再是大客户、小客户,比如有的是 KOL,可能只是传播者,不是消费者;有的参与 UGC,成为内容生产者。

选择好用户群体之后,需要深入挖掘和了解用户的需求,同时通过与用户的深入沟通或者技术手段捕捉用户的习惯特征,来更好地制定营销策略。

二、好产品是建立在用户需求上的

如果说传统营销的时代是酒香也怕巷子深,而互联网时代的营销环境下,是酒太多,香的也不少,你要做的是找到喝你酒的人。这就要求我们要设计满足客户需求的产品,如美图秀秀用"虚拟产品"满足了客户的爱美需求;三只松鼠用"实体产品"满足了吃货对于零食的需求。

在产品高度趋于同质化的市场条件下,消费者对品牌象征性意义认识尤为重要。如"劳斯莱斯"品牌是地位的象征;"凯迪拉克"品牌是成功的象征。同样都是汽车,但它们的象征性意义绝对是不一样的。可见品牌的象征性意义是在长期的营销过程中,在消费者的心里形成的某种象征性的意义。当一个品牌给消费者带来象征性意义即是一个品牌有了独特的个性。而品牌个性又深深影响着消费者潜在的欲望和冲动并与消费者建立感情,形成偏好。可以说,品牌如果没有稳定的内在特性和行为特征的个性,品牌也就不可能影响消费者的心理。如何通过优良的品质、极致的服务、合理的价格来吸引用户消费也是商家们一直想要达到的目标。除此之外,在产品设计中,如何融入运营推广以及传播的元素,可能是通过某种互动机制,某种特色包装来引导用户去传播分享、带动话题,这个同样也是产品思维里非常重要的一环。

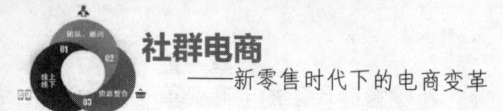

三、要找到属于自己产品的营销渠道

谈起"营销渠道",我们会发现有很多,但在目前手机上网的年代,大家习惯了用微信,所以第一时间也会想到微信营销,以微信来打通产品的营销渠道,很多企业营销用公众号推广、微信群转发等等,已经成为常态。目前大多数人关注的点,都在微信公众号的运营上,关注如何做好微信公众号、增粉、推广、活动等等。

一个微信公众号的运营,其内容、活动、推广、互动等缺一不可,当我们要选择一个营销渠道或者工具的时候要分析它的核心价值与我们自己的需求是否匹配。

比如,一个在深圳做海鲜的人,没有建立公众号,他们通过一个个人微信,10多个微信群,每天就能产生上百笔订单,第一个月就产生盈利。微信个人号拥有非常强的互动沟通特点,可以深度与用户交流互动,增强用户黏性,提高用户服务体验。而微信群就是微信个人号的放大版,通过微信群将用户区分管理,按小区地理位置或者会员级别进行区分,再有针对性地进行服务。

随着微信的不断试验,很多商家或个人发现,光有微信这一条推广渠道还远远不够,所以很多人开始转战和拓宽更多的渠道,如百度贴吧、QQ群、抖音、快手、知乎、简书等等。无论是贴吧还是知乎都以高质量的提问和回答来直接或间接做广告,留下产品或企业的信息,这样既不让人反感也达到了推广的目的。同时,这些问答的形式收录能力高,在搜索的时候能获得不错的流量和曝光率。除了这些,还有现在比较火的今日头条、网易等可以找到对应的细分渠道来进行营销推广。

无论是传统营销还是互联网时代的营销，真正的营销从来都是清晰明确的，定方案、找目标、打造品牌、明确产品定位、与用户交朋友、实现共赢。现在我们从互联网看营销、粉丝经济、朋友圈经济、自媒体经济、用情感营销等等，最终都要学会营销设计，才能立于不败之地。

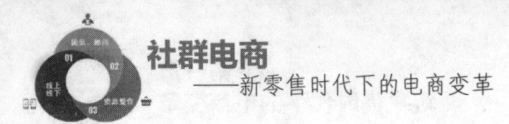

新零售革命：重新定义消费场景

新零售之所以被称为"新"，一定是与"旧"有区别的，这种零售业的"新"一定会冲击传统零售产业，因为新零售的冲击，促使很多传统的零售业开始转型。传统的产品营销也开始摸索新的思路和方向，需要对消费场景进行重新定义。那么，新的消费场景的"新"体现在哪些地方呢？

一、要打通线上和线下的局限，实现线上线下全网联手

线上营销是指网站、手机网站、微信网站、网络商城等配合着全网的营销，实现传播渠道的控制，实现销售渠道和销售网点最大限度地接近客户。所谓线下营销是全国招商，在全国各地建立大量的专卖店、商场专柜，或者分支机构，配合全网营销，就地服务于客户，提供产品、提供安装、提供售后等等。

随着时间的推移，线上主要功能，可能越来越多的是实现销售以外的目标，比如品牌的宣传、用户信息的获取、新产品的测试、服务信息跟踪反馈、售后服务等等。再比如，企业的营销策略如何在品牌宣传与及时获取用户信息之间取得平衡。目前很多企业线上营销的一个主要功能是获取用户信息，以便接下来进一步与用户取得沟通，引导用户来线下实体店洽谈和体验。这是和线上直接销售紧密相关的营销行为。

我们以家居产品为例,因为产品的特殊性,不像日用品或者服装,需要线下的体验,要想让用户在电商平台的店铺直接下单同时并兼顾用户线下的实际体验,就需要在线上获取用户的联系信息,然后再通过电话沟通预约消费者来线下体验店洽谈下单。

线上线下整合营销无非是解决两件事:客户接收到或者找到了购买产品的理由,并且客户能方便地购买。如何让客户能够了解产品,这是个传播问题;如何能够让客户方便购买,这是个渠道建设问题。而线上和线下的整合,正好能够解决这两件事。建立线上商城并且到目标群体经常逗留的地方,对目标客户进行"引流",吸引大家到商城购买,这是在线上解决客户方便购买的问题;建立专卖店、商场专柜或者其他终端销售网点,让客户比较容易地在线下购买和体验,这是线下引流,是在线下解决客户方便购买的问题。

做好微营销,可以利用微信、微博营销维护客户,让客户及时得到经营信息,甚至让客户能够在线上定制产品和服务,这是终端店的经营方式,解决客户的重复消费问题。

单纯的线下推广或者是线上推广,都有太多的局限性,只有做到整合,才能解决很多矛盾点,才能有效地改善传统线下广告投放方式的诸多问题,很好地提升了推广功效。

二、不断探寻新的社区商业模式

有一类社区电商,通过聚集流量,以低价拼团的模式硬闯出一条路,比如拼多多、云集、小蜜等,目前京东也有拼团购模式的出现。另一类是通过"群"来做营销,通过粉丝之间的互动交流和传播,通过熟人相互介绍实现营销。还有一类是社群矩阵模式，抓取深度流量进行多次营销，如聚美、宝宝树等。

想在这个新的营销时代占领一席之地的企业、互联网电商都在探究新社区商业模式，通过对社区进行分类来打造社区商业消费的新场景。构建社区优质服务方式，将以新零售、新业态、新形式为突破，未来将通过进步场景消费触发力、促进线上线下经济的融合、聚焦社区商业质量进步和功用拓宽。

三、赢得用户是占领零售市场的关键

无论是传统销售还是新零售，无论是互联网时代的销售还是社区电商的崛起，其目的都在于成交，把自己的产品或服务卖出去。可怎么卖呢？关键之处就是赢得用户。比如，有大部分人是苹果产品的死忠粉，也有一大部分独爱小米、华为，无论什么产品或服务，只有赢得用户的信赖，才能为企业带来源源不断的收益。

在移动互联网时代，人们通过各个渠道能接触到无数次广告信息，而随着新零售的改革，产品眼花缭乱、层出不穷，你所要的任何产品几乎都有多个品牌能提供。所以谁能抢占"用户心智"，谁的产品就能代表唯一。

企业要想很好地经营下去，必须有潜在的客源。顾客之所以购买你的产品，主要是因为他们对你的品牌和服务非常满意，因此才会重复购买。同时他还能介绍其他的人来，尤其是社区电商，潜在的消费者都是口口相传的。

餐饮界人人都知道海底捞是一个口碑非常好的公司。消费者忠诚度高，为什么呢？因为海底捞的服务做得好。

印象最深的就是去海底捞的洗手间，洗手间有人递毛巾其实没有什么，是个常规性的服务。但是海底捞没有安排小姑娘、小伙子在那儿递毛巾，它

安排的是一些年纪大的老爷爷老奶奶，当他们满脸慈祥地把热毛巾递给你的时候，这种温暖的感觉是不能取代的。这就是在创造消费者的惊喜，有句流传语：地球人已经无法阻止海底捞做服务了。它创造惊喜的部分还不止于此！所以常规的服务已经无法去打动消费者了，要创造惊喜的服务才能去打动消费者。

乔布斯说，消费者没有义务去了解自己的需求。他们只知道自己想要的是更舒适、更安全、更健康、更美、更快乐、更成功、更富有、更有品味、更有魅力……这就够了。消费者没义务去了解自我需求，而商家则有义务理解消费者的需求，并提供将需求具象化、清晰化、显性化的解决方案。

当新零售向着社区化不断迈进的时候，线上线下的融合发展、新的商业模式的不断探索以及赢得用户的忠诚度，只有做到了这三点才能在改革的大潮中掌握好自己的方向，不至于迷失。

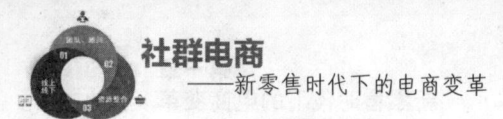

商业组织新形态：从公司到社群

有一句流行语是这样说的："全球最大的出租车公司 Uber 没有一辆出租车，全球最热门的媒体所有者 Facebook 没有一个内容制作人，全球市值最高的零售商阿里巴巴没有一件商品库存，全球最大的住宿服务提供商 Airbnb 没有任何房，全国前三大酒店业 OTA 没有一间客房。"这句流行语到底在说什么呢？

这句流行语的含义很简单，就是未来的商业模式不再是以公司形式为主导，甚至不再局限于多少个员工、多大的办公场地，更多的形态是海量的个人＋互联网平台。每个人都可以是一个公司，一个营销主体。比如，淘宝上一些知名的原创服装品牌，如裂帛、阿卡、阿芙等淘宝上成长起来的企业，多少都具有这样的特性。这些特性就是社区电商的发展模式。

在 19 世纪，股份有限公司逐渐盛行，"公司"成为基本的经济主体。但到了 21 世纪的今天，"公司＋雇员"这一基本结构的空间，已逐渐受到了"平台＋个人"这一结构的挤压。换句话说，"互联网平台＋海量个人"正在成为我们这个时代一种全新的、显著的组织景观。随着"平台＋个人"这一社会经济结构的持续生长和扩展，全新的经济、法律、社会含义，也将由此深化和扩展开去。只要想一下"公司"在今日世界中的位置与影响，人们就应该对这一组织领域全新的重大变动，保持好奇、保持开放、保持敬畏。

当然，我们说的"组织"并没有消失，但是不再以硬性的"公司"状态存在，只是组织的形式有很大的变化。很多组织不再是一个领导者带领一群下属，而是每个人共同的兴趣、爱好，分享与合作的集体行为。这样的"组织"是一个有着共同爱好的整体，真正实现"人以群分"的价值。

互联网平台+海量个人的模式颠覆了商家们以往一贯的公司+雇员的思维模式。社群营销的目的是将产品融入更多人的圈子关系中，让一层一层的关系都成为企业的利润来源。营销的本质不仅仅是为了实现交易或者实现商品的价值，而是要奠定持续交易的基础，持续深化供应者与需求者一体化的关系。

那么什么是持续交易的基础？通过什么方式深化供应者与需求者的一体化关系？最终你会发现除了构建用户社群，别无他途。

正如张小龙所言：让用户带来用户，让口碑赢得口碑是唯一有效且可持续的营销方式。

比如，有一个在韩国留学的女生，凭着自己的化工专业知识，系统学习了化妆品的生产工艺流程和销售技巧，回国后创办了一个高端私人定制的化妆品品牌，是一个从生产加工到销售一条龙服务的个人企业。最初的时候，她给自己的产品定位是微商产品，随着朋友之间的分享和不断发展的社群，后来，有几个她认为不错的人，做起了她的代理商，由她进行统一培训。再后来，第一批做她代理商的朋友，成了区域代理，此时她的产品已经卖向全国，而且盈利是以前的N倍。她的社群靠的是朋友之间口口相传，以及共同的爱好和价值观。她社群里的人有白领、有高管、有普通的爱美女性，但是她们都有一个

共同的爱好，就是护肤和保养。基于产品做得好，她的社群也越做越好，黏性越来越大。直接带来的经济利益就是她的产品销量一直很稳定。

她的这种商业组织形式，严格意义上来说并不是公司，而是一个女性组织起来的社群，以相同的爱好、小众化的价值观形成了新的商业模式。

所以，可以坦言未来公司和企业的终极形态就是社群，人们可以通过互联网相互连接，突破地域限制，进行彼此沟通交流、分享信息和知识，形成相近的兴趣爱好和情感共鸣，这种特殊关系网络就是"虚拟社群"。其实，人们的内心原本就希望找到适合自己的精神共同体，待在里面会有存在感和归属感，这就是社群形成的驱动力。当一批人聚在一起之后，交易也就产生了。

在互联网刚刚崛起之时，大家都认为互联网催生的应该是平等和民主的，但当互联网真正崛起之后，我们才惊觉：互联网的霸权要比传统行业更为凶猛。BAT如一个黑洞一样，不仅吸附了互联网上的一切产业，还把触角深入到线下，借"新零售"实现了真正的O2O。当流量都在BAT时，所有中小创业者就必须通过BAT们，进行流量采买，才能完成原始的积累。可流量假、流量贵、流量的转化率低，成为全行业的痛点。

后来，所有靠微信赚钱的自媒体发现公众号的打开率在下滑，为了唤醒这些沉睡的粉丝，自媒体们开始将公众号里的铁粉拉进一个微信群里，并为他们组织线下活动，试图和粉丝们保持更多维度、更高频次的连接。

社群化营销的方法最终要实现的结果就是：仅仅依靠人与人之间的连接欲望和共同爱好，就可以收获用户。这句话的精确表达应该是：社群，是一种零成本连接的商业模式。这意味着互联网将来只是一个平台，而海量的个人却可以有新的生存法则，所以，社群经济的最大核能量在于它可以零成本地完成原始积累，它让我们对未来的互联网格局有了更大的想象力。

第二章　认识社群电商新生态

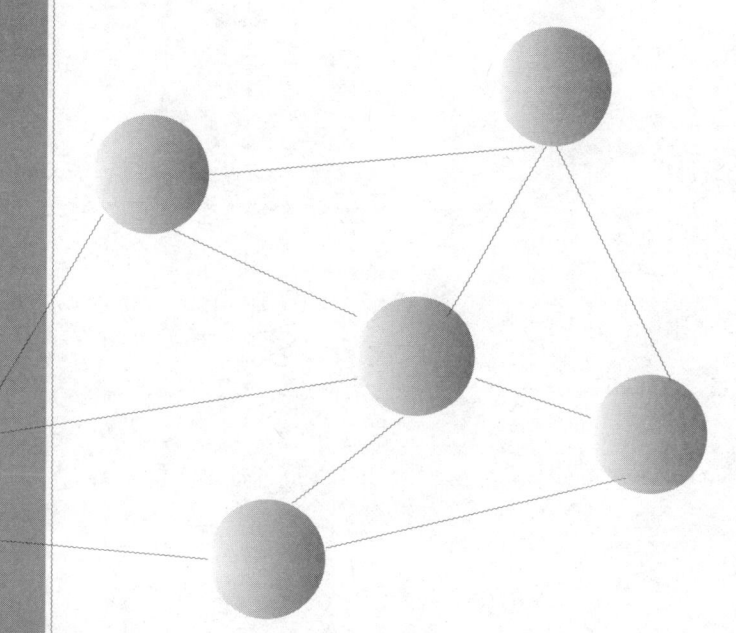

社群是什么

所谓社群,从字面上看,就是存在于社会生活中的一个群体,但是随着时代的不断演变,社群的含义又不能这样简单理解,所以符合这个时代特征的解释应该是:基于一个目标、需求和爱好,将有共同价值观和喜好的人聚合在一起的群体,叫作社群。

比如,我们常见的像某活动广场,常年有几个大爷在下棋,而广场另一个地方,大妈们在跳舞。我们可以把这个活动广场看作是微信、微博、QQ、朋友圈……而这些自发而聚集的人群,便是社群的雏形。所以,我们网上所说的"社群",就是把现实里的朋友圈搬到了网上。"社群"只是人与人之间的连接方式。

当然社群之间的连接方式有的很强,有的则很弱。强连接的社群活动有很多人员积极,相反则很快就散了。人与人之间可以有的连接方式有几种呢?只有三个维度:精神连接、现实连接和数字连接。最终衡量这三个连接是否成功,需要具备两个条件:一是有没有铁杆儿粉丝,二是能否形成产销。具备这两点才是真正的社群。

最直接的例子就是小米,小米在做社群营销的时候,先是找到了一些小米产品的发烧友,然后聚合成一个小米社区,借助这些原始的粉丝口碑扩散和

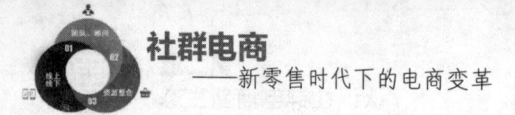

购买力,来扩大小米的知名度。另外,小米的这些粉丝中,不仅有小米的忠实使用者,还有工程师和研发人员。所以,社群构成的五大要素如下:

(1)同好。对事物的共同认可或行为。同好决定社群的成立。

(2)结构。包括组织成员、交流平台、加入原则、管理规范。结构决定社群的存活。

(3)输出。好的社群一定要有稳定的服务输出和群员的共同内容输出。输出决定社群的价值。

(4)运营。运营四感:仪式感、参与感、组织感、归属感。运营决定社群寿命。

(5)复制。首先通过核心的种子用户,然后再进行裂变和复制,最终产生社群规模。

我们再看看"良品铺子"是如何把社群玩嗨并产生良性互动和发展的:

良品铺子是实现线上+线下结合的成功电商体系。前期良品铺子就通过线下进行各种活动,建立了以地域划分的粉丝俱乐部,然后组织粉丝社群活动,通过线下沙龙、城市PK赛等,让这些地域粉丝持续活跃起来。并且在门店里,将自己员工的角色进行分组,由社群附近特定店员负责维护,做到了再小的地域社群也有专人运营维护。良品铺子建立的不是一个大而泛的社群,而是具有地域特色的社群矩阵。为了做好粉丝社群运营,良品铺子还专门成立了社交事业部,专门负责各类优质、创新内容的开发。社交事业部成立了核桃TV,全权负责《让嘴巴去旅行》《好食光》《良身定制》《开心果剧场》4个精品栏目的运营。在新媒体负责人段文的带领下,内容原创、借力IP、打造自带IP的社交产品、蹭热点、娱乐营销、互动活动……良品铺子微信公众号和粉丝一起玩得很嗨。

所以，真正的社群不是指你的手机里有多少群，因为不是所有的群都能形成黏性，都能带来生意。比如，自己家人的群、公司的同事的群，以及其他公司卖产品和服务把你拉进去的群，在我看来，都不能算严格意义上的群，或者应该叫没有互动的死群。因为，这种群虽然你进去了，但不知道怎么跟群里的人互动来把它变成资源，久而久之群里因为没人讲话变成死群了。所以，真正的社群并不是几个人建立起来，而是基于兴趣、价值观、信仰而聚合一起的，并非因一场活动或一款产品被硬性拉进群里的。

兴趣社群更加注重群体的力量。以前的论坛、贴吧、豆瓣便是兴趣社群最好的载体，这些有共同兴趣、爱好、话题的人聚集在一起自由地交流，分享彼此对某一事物的看法，从而有了利用口碑效应、改变一批人的消费行为。

在今天，大家的消费是分阶级的。相同阶层的人是可以玩在一起，可以买相同的品牌、价位的产品，但是不同阶级的人就很难玩到一起。大家在购买产品时不再是基于功能性的消费，而是在某个场景下，要送给女朋友、同事等场景下的消费。精准营销就是产品特定为某一类人设计的，其他人不是目标用户。社群要解决的就是我们需要的目标用户，如何使这些人跟我们协作、连接、互动，产生良性循环才是关键。

另外，真实性是社群的灵魂，连接催化了真实性，使社群的生成和维护更为可行。一方面，中介消失，生产者可直接与用户发生连接，更具真实性，当连接变得充裕，用户也会更追求真实性；另一方面，互联网向线下渗透，寻

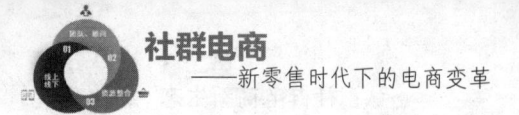

求更大的价值空间，O2O兴起，垂直服务成为可能。任何企业、组织乃至个体能直接和用户产生连接，真实性、价值性、人情味开始回归；大众商业开始解体为一个个小而美的围绕特定需求、垂直服务的社群。

随着移动互联网的普及，全国大部分地区都能够利用手机进行连接，工具已经悄悄地改变了我们的生活方式，中国已经从最初的计划经济时代、商品经济时代、市场经济时代过渡到社群经济时代。时代的变迁同时也改变了财富的运行轨迹。俗话说，人在哪里财富就在哪里，机会也就在哪里。现在的人大部分聚集在网络上，特别是"两微一抖半个头"——微信、微博、抖音、今日头条。现在好的社群依然不多，很多社群顶多就只能称得上是社区。未来的社群经济，依然会被人认可，不过会更加成熟，规则更加完善，使得社群可以更好地可持续拓展。

真正的社群不只是一群人加在一起，人单单是聚在一起是没有任何价值的，当他们在这里丧失掉个性，只具备共性时，才能开始发挥价值。在社群里，是每一个人个性的消失，是他们的感情与思想都在关注同一件事。所以，想建立社群，一定要明确三个要素，缺一不可，那就是"有目标、有核心、有阶层"。

社群中的所有成员，有一个共同的目标。小到各类爱好组建的群，大到各种信仰，每个人的活动都是围绕这个共同的目标进行。所以，这充分说明，要想让一个群持续做得火热，就要让粉丝们对这个群有源源不断的热情和目标参与，没有目标，社群便不可能有任何运动。

另外，社群中要有骨干和核心成员，核心成员所起的作用是指引和带动，如果没有核心的群内成员，无论多少人的群，最终都是一盘散沙无法聚焦。

除了核心和骨干成员之外，群内也要有阶层和角色划分，不但让每个人都喜欢自己的角色，还要因为努力和带动有上升的通道，为了一个目标可以努力去实现。

当有人成为特权阶层后，他一定会加入到社群的维护中来，成为社群核心的拥趸。人们表面上痛斥特权，但实际上却总想成为特权阶层。如果没有阶层，所有人都一视同仁，平均主义就会让人群的活力快速下降。

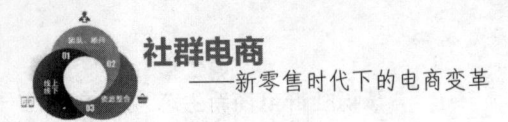

社群经济与社群电商

社群经济用最直白的语言表达就是在社群的基础上产生的经济效应。百度百科对"社群经济"一词的解释是这样的：在互联网时代，一群有共同兴趣、认知、价值观的用户抱成团，发生群蜂效应，在一起互动、交流、协作、感染，对产品品牌本身产生反哺的价值关系。我们可以看出有这样几个关键点：第一，一群用户；第二，群蜂效应；第三，反哺。对比粉丝经济来看，更为突出的是群蜂效应和反哺，也就是前面所讲的"产生经济效应"。

说得简单一点，社群经济就是在用户聚集的状态下为品牌本身带来的一种商业变现结果。其特点有：

（1）聚合和裂变：社群是基于相同爱好和共同价值观的人产生的，所以很容易产生聚合，一个人的传播同时能带动身边的很多人，这样会产生跨边界裂变。

（2）建立在情感价值上的传播：社群的成员一旦主动参与到社群中，那么在满足自己的需求以后会有传播意向，然后刺激社群进一步发展，这是一个情感价值逐渐渗入的过程。有了前面的聚合和裂变，再进一步巩固了社群的情感基础，那么就会从"人以类聚"发展成"志同道合"，会吸引更多的人参与到社群中来。

（3）自由组织传播和协作：社群成员自由组织参与生产、传播和消费。

那么，社群经济与社群电商又有哪些联系和区别呢？社群电商与社群经济之间的关系，绝对不只是维系"社群"而已。社群经济是在"社群"的基础上产生的"经济效应"，那么"社群电商"就是社群经济的一个落地表现。

社群电商的通用定义是指通过社交网络平台，或电商平台的社交功能，将关注、分享、讨论、沟通互动等社交化元素应用到电子商务的购买服务中，以更好地完成交易的过程。对于消费者来说，体现在购买前的店铺选择、商品比较、购买过程中与电商企业间的交流与互动以及在购买商品后的消费评价及购物分享等。社群电商不仅能起到前期的导购作用，还能在用户使用的过程中起到用户连接和共同分享的作用，与单纯和传统的购物模式相比，可以增加用户参与感，也可以形成产品二次或多次的销售效果。

社群电商的特点是：

（1）准确识别：用户细分，商家掌握用户信息，精确分析、识别、挖掘，从而培养用户购物行为，实现精准营销。

（2）深度互动：社交电商具有鲜明的社交特质，通过人与人之间更深度的互动，以内容为载体，玩法为工具，有效提升现有用户黏性，建立信任，提高用户认可度和忠诚度。

（3）快捷传播：通过社交行为快速传播，实现人群裂变。

社群经济和社群电商究竟有什么关系呢？社群电商是社群经济在线上的一个衍生，它是意识形态的一个落地表现，它没有传统电商所谓的 B2B、B2C

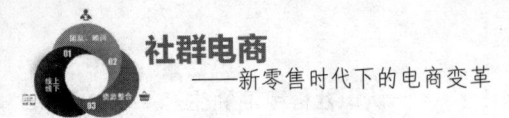

或者 C2C 等的划分，它是可以三者兼容存在的。社群电商不会是一个颠覆性的商业模式，而是商业本质的一次回归，是传统电商和移动电商的一个延伸。

从另一个角度来看，社群电商更像是一套客户管理体系，通过客户的社群化，既可以维护老客户，也可以通过老客户拓展新客户，而且在新老客户感受到产品或服务好的基础上，还能形成更长远的传播价值，调动用户的积极性和参与感。社群电商从传统的电商过渡到了移动电商，其实最早的微商就是脱胎于社群电商的，只是在后来的发展中整个商业生态逐渐走向了歧途，当然这是后话，以后有机会再详细讨论。

未来移动社群电商创业的三个核心点，分别是超级 IP、社群和商品，超级 IP 好比是一个向心力，能将有共同情怀和价值观的人会聚在一起，在"人即渠道"的移动互联网时代，超级 IP 的凝聚力正是打通这些渠道的关键所在。未来，社群对企业的价值不仅仅是解决获客问题，更是企业定位、品牌营销、产品开发等企业活动的主要依据和参考标准。

先有了社群，然后建立在社群基础上形成的经济效应，最后实现了社群电商的真正落地，这是将来移动社群电商的发展趋势。

社群电商之所以进入公众视野并引发关注，原因在于电商们发现，用户的社交关系能够有效降低流量成本，提升购物频次。社群电商有别于传统电商，是对社交性购物产生不确定因素和购物需求的满足，而传统电商是基于搜索逻辑，对目的性购物的满足。传统电商是用户想到需要什么，于是搜索、比价、询问然后下单，而社群电商是用户在朋友关系中发现对方在购买、推荐或者谈论某种商品，然后基于对朋友的信任而直接下单。比如，拼多多最早的模式就是通过微信朋友之间熟人介绍和分享产生了商品销售和多次销售，迅速实现了增长。

在社群商业模式下，用户基于一个共同的爱好，被一些好的产品或服务或内容吸引，从而聚集成社群，然后通过共同分享和参与使社群发展壮大，促成更多交易，完成商业变现。这就向我们说明，社群的几个要素，首先要用好的内容和产品做流量入口，其次用维护社群关系扩大流量用来做沉淀，最后在流量的基础上产生交易，实现变现价值。移动互联网时代的商业以社群电商为发展趋势。

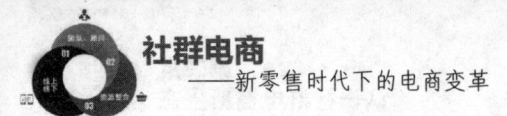

粉丝经济与社群电商

对于粉丝经济,百度上的官方解读是这样的:粉丝经济泛指架构在粉丝和被关注者关系之上的经营性创收行为,是一种通过提升用户黏性并以口碑营销形式获取经济利益与社会效益的商业运作模式。

以前,提到粉丝,人们就会想到对明星和偶像产生崇拜的那些追星族,一旦对某个明星"深爱"甚至都被称为"脑残粉",这个称呼当然带一些贬义色彩,但却有一个不容忽视的真相,一旦对某个人产生了好感,追星甚至就会失去理智。可见,粉丝的力量有多大。就像前一阵周杰伦的粉丝因为别人说周杰伦没有上热搜,在短短两天时间内粉丝就把自己的偶像"捧"到了热搜榜,这就是粉丝的力量。现在粉丝经济不限于明星和偶像,对某一个产品产生了热爱,也会形成一股强大的粉丝狂欢,如苹果手机,每一次上新款,果粉们都是彻夜排队,甚至为了一款产品争抢打架的都有。

如此,商家发现了粉丝的力量和潜在的商机,于是借助一定的平台,通过某个兴趣点聚集朋友圈、粉丝圈,给粉丝用户提供多样化、个性化的商品和服务,最终转化成消费,实现盈利。

说到底,粉丝经济是由粉丝、产品或内容或明星及第三方资本支撑起来的新型经济形态。在这个利益场中,明星或产品是商业价值的承载体,粉丝是商业价值的实现者，资本家是商业价值的投资者。

粉丝的力量我们都有目共睹，网络上出现的案例可以略见一斑，比如，排队购机的果粉，罗辑思维的罗粉，小米手机的米粉，更不要说明星们的粉丝，等等。

由粉丝经济带动的价值效应，使得无数品牌和个人借此机会获得了自己的成功，社群、网红、IP、自媒体实际上都是粉丝经济的产物，市场竞争也围绕粉丝轰轰烈烈地展开。

在粉丝经济时代，对于每一个IP来说，它的粉丝越多，那么它必然可以占据更多的市场份额；而粉丝越忠诚，它存活时间就越长，发展动力也就会越强。这就是为什么一些明星主播被爆了黑料以后依然有大量的粉丝选择相信，而有一些人的粉丝却随风倒戈的原因。

总之，无论是企业，还是收割粉丝流量和价值的个体，最好清楚地明白你所得到的一切都不是理所当然的，你存在的价值根植于粉丝当中。你需要不断地自我提升品质和价值，为用户提供更好的消费价值和体验，这个游戏才可以继续玩下去。

那么，粉丝经济与社群电商有哪些区别和联系呢？

社群经营的基础是粉丝，可以说没有粉丝就没有社群。粉丝是对品牌充满感情的铁杆儿用户，粉丝的消费行为也是基于对品牌的感情基础。苹果的商业模式就是在果粉基础上经营的粉丝经济，传奇的小米科技也是基于米粉对品牌的情感认同而建立的品牌，罗永浩的锤子手机，其目标用户是老罗的粉丝群体。社群经济就是这样的模式，先通过社群定位好目标用户，再通过对用户需

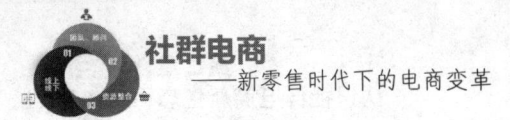

求的研究来生产相应的产品，最大程度地保证产品属性与用户需求相统一，而不是按照产品去定义用户。

社群经济的方式是通过对内部生态满足产生经济价值并进一步外延。目前有相当一部分理论将粉丝经济等同于社群经济。其实，粉丝经济是一种单项的价值流通，它通过塑造一个品牌，来笼络对该品牌有较高认知度与喜好的受众成为其粉丝，这样的关系构成使得其内部的信息传递具有单向性的特点，即品牌传达某些信息，粉丝接受信息并向品牌做出反馈。这样的纵向信息传递方式有着极强的向心性及非理性因素。

社群经济虽然是依赖粉丝为基础建立起来，但与粉丝经济根本的差异在于，粉丝经济是向心发展，而社群经济是横向扩散，当然，运营成功的社群也能够因为产品或内容聚集人气产生品牌向心，产生和粉丝经济同样的效力。

两者的区别在于：社群是一个两两相交的网状关系，用户满足／服务用户，而粉丝经济则是以某个点为中心，所有人围绕这个中心活动的明星式经济。社群经济发展到一定程度会自我运作，但粉丝经济不会。

粉丝经济也可以利用社交媒体的互动机制为粉丝提供一种类似于社群的归属感。这也就导致了社群经济与粉丝经济在社交媒体中容易混淆的现象。

就像罗振宇将罗辑思维带出来独自创业时所说：我这个是社群经济，而不是粉丝经济。但是，说到根本，罗辑思维可以说既是社群经济，又可以是粉丝经济。不能单纯定义为社群经济或粉丝经济。

在互联网领域，除了罗辑思维之外，小米、"papi酱"等，都被誉为粉丝经济效应的代表。

粉丝经济在一定程度上与社交电商的作用类似，都可以提高和用户的互动频率，吸引路人转换成实际消费者。转变粉丝经济为社群经济，九阳就是典型的转型社群经济的品牌。

九阳官网上有一个"粉丝节"的案例：

九阳推出的"九阳粉丝节"活动，为九阳社群经济的转变交出了一份完美答卷。在活动中，不仅九阳公司各个产品负责人深入各个环节与粉丝零距离接触沟通，而且还邀请粉丝合伙人即美食达人成为活动主办方，共同策划举办活动。整体活动粉丝的参与热情度远远高于主办方，粉丝合伙人理念巧妙地构建了粉丝"主人翁"意识，与粉丝做朋友，让粉丝成为粉丝节真正的中心，完成品牌与粉丝达人面对面对话，更为社群黏性提供了核心基础竞争力。

九阳粉丝节除了构建与粉丝亲密沟通的渠道，还运用场景语言的表达将企业想要传达给粉丝的健康、关爱、DIY等理念诠释得更加深入人心，粉丝在短短一天的时间内走进老北京茶馆、体验英国、法国、日本、中国台湾环球下午茶，在与九阳员工交朋友的同时也轻松地理解到九阳品牌的特性。

总的来看，九阳在粉丝转化为社群的路上跨出了坚实的第一步，稳固社群必将为九阳助力，粉丝将与品牌共同成长。

除了这些实体企业在积极从粉丝经济过渡到社群经济之外，打开主流电商平台的APP，就能轻易发现，类似社区、论坛、发现等板块，都在力图吸引消费者成为自家的粉丝。不同的电商平台，它的配送速度、购物体验和售后服务等，都对应着一部分粉丝客户群体。

无论什么样的商业形态，最终的基础依然是"人"，社群电商更是如此，

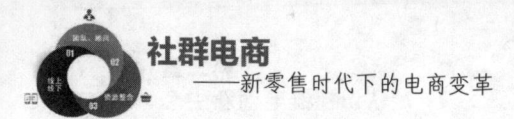

无论是单纯的粉丝经济,还是粉丝关系向经济的变现转化,都是以用户为基础。用户的运营好坏,直接关系到社群成员的留存率以及社群成员质量的问题,进而影响到转化。

我们也要看到,粉丝经济其实是基于社区的基础上产生的单向、自上而下的一种生产关系,粉丝和企业主或者品牌方的关系只是一种从属的隶属关系,是一种弱关系弱链接,企业主或品牌方是中心,他们发布或者掌控了所有信息及资源的发布。而社群经济却是基于社群的基础上产生的横向、圈层化的一种范围经济,这个社群里没有谁是中心,也就是去中心化,大家都是这个社群的主人,大家提供有温度的内容,协同互助、互惠互利。

传统电商与社群电商

对于传统电商与社群电商有这样一句话：传统电商消亡，社群电商崛起！为什么说这是个大趋势呢？

往前推几年，传统电商的卖家，从来不需要担心流量、转化率等问题，只遵从一种传统的销售模式：流量—转化率—产品销售—售后，收益依旧十分可观。但是现在互联网环境变了，你会发现这个传统的模式继续建立起来，流量越来越贵了！无论你怎么优化店铺，怎么优化标题，转化率还是很低！顾客的忠诚度越来越低，甚至回头客也从此消失了。

这也是商家积极布局社群电商的原因所在，社群电商模式利用微信、百度贴吧、QQ 群、抖音等具有影响力的社群平台，向拥有共同认同价值的群体提供电商入口，由社群成员自主筛选符合群体需要的优质产品，打造以社群为主体的场景化消费模式。举个简单的例子：你是手游高手，你身边肯定有很多相同爱好的人；你是个二次元爱好者，也一定会寻找这样的群体去参与。那么，这些有共同爱好的人一旦组成一个社群，里面有威望的人号召大家、组织大家一起玩、一起吃、一起爽、一起嗨等，这个就是社群电商。再比方，你是一个小学生的妈妈，你身边肯定有一大部分同样都是这个身份的家长，那么关

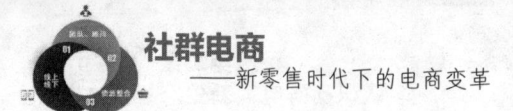

于孩子的学习、课外辅导等必定能互通有无,然后大家能够一起学习,一起玩儿等等,互相有好的东西会分享,这就是社群电商。

社群电商一般分为四大类型,如导购型:通过建立购物平台,请大V、网红、明星引导推荐,吸引用户,如小红书。拼购型:以低价优惠为核心突破口,以拼团的方式实现用户的快速累积,低价刺激用户,如拼多多。社群型:以某一类需求集中某一类用户人群,达到量级后再以平台增加产品内容,如转转、闲鱼等。微商型:为具备一定销货能力的个人提供货源、渠道、仓储、配送、服务资源,为其分销建立链式服务,如来福掌柜。

纵观当下社群电商的崛起和传统电商的下行,可以发现传统电商是以"货"为中心,社交电商以"人"为中心;传统电商是有人买了货之后,你才知道谁是你的用户,你和用户之间建立联系的纽带是货。社交电商,首先是建立人与人之间的联系,然后建立信任,最后再卖货,在卖货之前,一多半的用户,可能你已经知道了。

传统电商与社群电商的区别就在社交上,传统电商只是依靠于互联网上的店铺,通过在线展示商铺物品进行交易,随着移动端的普及,随时随地都可以进行交流,现代电商融入了社交元素,通过自己的社交圈来达成交易,这时候往往商铺的展现形式内容不会显得太重要,而个人信用和评价就会占据主导地位。

如果说传统电商是一群竞争者在同一个鱼塘里捕鱼的话,那么社群电商就是一个大团队同心协力在捕鱼,为什么这么说呢?如淘宝、京东那样,鱼塘里确实有很多鱼,但跟你在同一个鱼塘打鱼的人有多少呢,大家都盼着自己能够满载而归，都相互使出了自己的手段，如今在这样的环境下还有几个人能吃饱呢？社群电商则完全不同，因为所有人都在同一条船上，大家同心协力，把力量捆绑在了一起，大家各显神通吸引到鱼群，去收获属于自己的那一份。

传统电商一个平台里有几百万个商家互相竞争，在今天极度饱和的市场，如果没有大量资金投入，基层创业者已经很难生存了，你花500块钱把自己的店铺置顶了，别人就能花600块钱把你的顶下来。

社交电商则是为了解决这一现象而萌生的新生代商业模式的载体，平台将供应链、仓库物流、客服、售后等前端服务全部包揽，经营者们只需要做好一线销售，几十万上百万人共同去推广一个店铺，把所有的力量集中在了一起，每个人的推广都是在为同一个平台做宣传，走得能不快吗？

社群电商之所以对传统电商产生了碾压式的发展趋势，是因为本身具备了几个优势：

一、口碑式裂变传播

社群里有一群爱好相同的人，由于使用同一个产品，会拥有共同的体验，也可以产生共同的话题，如果产品和服务好，就会形成让别人自发传播的目的。社群理念是集合了有共同爱好和价值观的人群，这批人在很大程度上都对你所提供的服务有着巨大的兴趣。更为重要的是，他们的社交圈也肯定趋同于你所提供的服务，所以社群对于电商而言，可以达到口碑式的裂变传播，就是用户帮你传播吸引用户，而你需要做的只是运营社群和输出高质量的内容。

二、有了社交做信任，更好地卖产品

社群有一个相对的优势，只要是一个群里的人，时间长了会产生一定的

信任度，对于产品营销会更容易，不像普通电商产品不容易留住用户，大多数情况下的用户消费只是一次性的消费，其实这最大的原因还是我们的产品没有得到用户的认同，没有给用户建立消费习惯；而社群电商以社交为主，以爱好为基础，以彼此熟悉为契机，很容易建立彼此之间的信任，用社交信任卖出我们的产品，这样建立的用户关系往往更为持久。但前提是我们一定要以用户的体验为主，保证产品的质量，这样我们才会和用户建立信任。

三、改变用户的消费体验

社群电商还有一个好处，就是可以改善用户的消费体验，使用户的消费在很多时候属于情感消费，而非一时的冲动消费，并且可以让用户在消费的过程中找到和自己有共同需求的人群，然后建立情感依托。这样不但改善了用户的消费体验，在很大程度上也让运营者明白了消费者新的消费诉求，能让运营者更好地为消费者提供产品，这点更是传统电商所不具备的。

虽然社群电商相较传统电商而言有很多优势，但是社群电商的本质是电商，不是社交，社交最大的作用是触达，而不是转化。因此，社群电商的用户比较看重的是社群电商发布的产品，产品价值几乎决定了最终社群成员向商品用户转化率的高低。

无论是传统电商还是移动电商，都绕不开一个主题，就是流量。传统电商为了流量可以说是百般绝招都用上了，打广告、买流量、做促销，无所不用其极。这样虽然可以带来流量，但成本也不低，使得很多电商最后弹尽粮绝死于流量缺少，商品卖不掉的困境。社群电商则不然，无论是兴趣爱好群，还是网红、直播，流量不需要下很大的血本，可来自粉丝互动，所以流量可以积

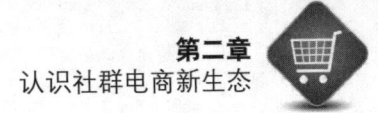

累,可循环利用。

当然,社群电商的这种利好并不是对传统电商的完全颠覆,而是一个更具优势的延伸,用好的产品和内容吸引用户、聚集用户,促成交易,完成价值转化。

社群电商主要依靠内容、信任、共享,而用户,是以兴趣和相同价值观集结起来的固定群组。所以社群电商应该是以内容为主,企业或商家要诚信经营,这样的社群渠道会建立得比较人性化,管理也会轻松一点。

第三章 社群电商营销三角理论：场景、关系、信用

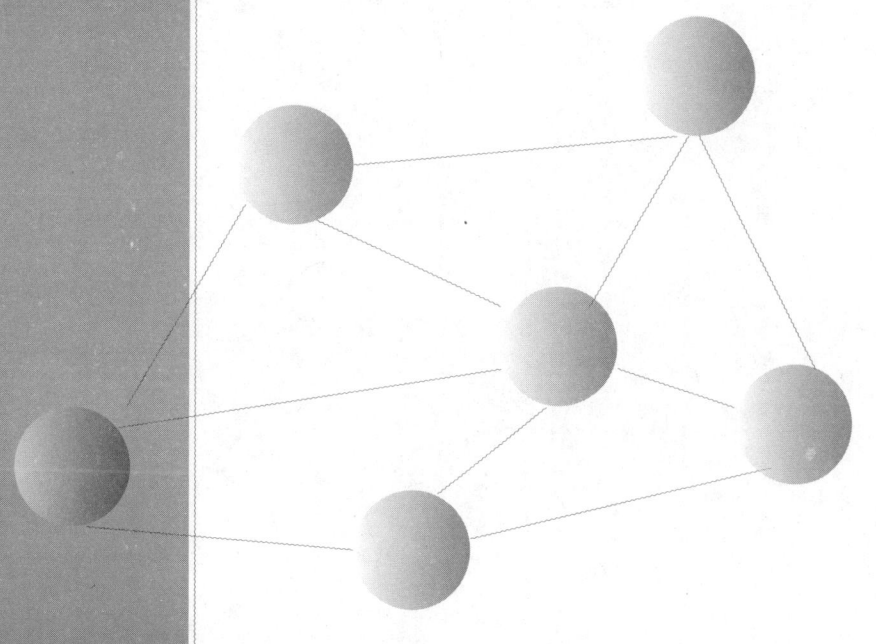

第三章
社群电商营销三角理论：场景、关系、信用

场景：线上线下多平台售卖

社群给大家的印象就是互动、传递、分享、推广、微分销及其他形式的引流与转化领域，它是一个开始但最终还是落在服务与产品上。更多的是会员类服务与拉新类互动，想要一个点拥有优势就需要全体或是某些人群共同互动。涉及互动，那么真正的营销场景就要实现线上和线下共同互动。

当线上和线下的边界越来越模糊，市场从单向销售转向双向互动，线上线下也从竞争转向融合。在互联网的后半场竞争中，谁能提供更高效更优质的服务，为客户打通线上线下全渠道，创建生态服务圈，谁就能抢占更多的先机，获得更多的资源。而以实体门店、电子商务、大数据云平台、移动互联网为核心，通过融合线上线下，实现商品、会员、交易、营销等数据的共融互通，向顾客提供跨渠道、无缝化的体验就显得尤为重要。

互动是保持线上与线下活动的节奏，如果社群只有线上活动，大家线下没见过面，这是非常糟糕的现象，因为没有见面的亲切感大家就会慢慢淡下来。但是只有线下活动的话，成本会很高。所以最好的就是线上与线下的结合，比如你1周左右有线上的分享，那么2周左右就要有线下的活动。

"线下场景+线上社群"应是属于未来的新零售模式，线上社群促进消费者价值认同，线下场景实现产品和服务的场景体验。线上消费者社群帮助企业

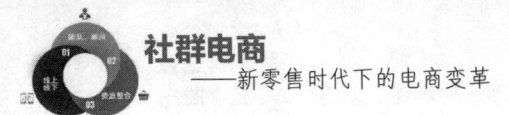

与消费者建立连接，可以与消费者很好地互动，提高零售的重复购买率，降低企业的长期广告成本，还可通过消费者社群获取广告收益。企业还可以通过线上社群，实现"C TO B"式产品创新，在主营产品之外，通过社群商业服务功能平台，经营销售关联产品，发挥协同效应，创造更大的商业价值。而线下则是社群生命力和活跃度最重要的保障。

人与人之间的连接，只有在高频互动中才能强化成员彼此的连接，增加成员的归属感。线上聊一百次不如线下见一面，通过移动互联网的连接很容易找到价值观相近的伙伴，但若没有见面的机会，彼此很难产生信赖。

很多社群不重视用户之间的交流，而在意活动的影响力或规模。活动的目的是促进用户彼此的交流，而非活动本身，更不是形式上的在一起。据统计，小米平均每个月举办21场活动，米粉节、同城会等等，从中可以看出高频次活动对社群发展的重要性。

总之，社群需要通过一系列的活动对内聚拢成员，强化成员关系，对外宣扬社群核心价值，吸引新成员加入，同时不断地向外界宣告社群存在。在信息泛滥的今天，人们如果一周看不到企业的消息，就很容易将其遗忘。

社群的线下场景化能够极大地增强社群成员的仪式感和体验感。社群需要通过仪式来宣告它的存在，弘扬社群的价值主张。通过举行仪式可以强化社群成员的共同价值观，从而增强成员间的凝聚力。仪式感的塑造统一化和符号化，无论是语录体系还是外在的衣着、行为，成员统一整齐的行动带给心灵的震撼是产品无法比拟的。

社群通过线上和线下营销最终是用来解决企业难题的，先有营销端，然后上升到产品端,最后实现组织管理端。营销端的关键之处在于定位并挖掘用户的需求和痛点,特别是社群线下落地趋势越来越明显的当下。

这个痛点的挖掘,使得线下场景化的设计越来越重要,如线下活动交流、分享环节设计、生活中的个人消费互动组织等。如美食社群,可能更多的场景应该是在寻找美食的路上或美食店里;茶爱好者社群,可能更多的场景应该是在采茶、沏茶、品茶等环节中。

通过对部分核心场景中用户需求的了解,我们就可以开始设计我们的引流产品。这个引流产品,更多的是能够吸引到用户的有价值的免费服务。比如:

首先,是在特定线下场景中解决用户痛点的有价值的服务,如活动分享、帮助用户提升个人社交、提升自我的需求。

其次,这个引流产品推广文案,应该是在用户关注的渠道内展现,并能打动用户行动的内容。

最后,这个文案,还得设计用户如何转分享、转介绍的流程,要有物质、精神价值驱动。除了价值输出外,我们还得不断加深与用户的多层连接,特别是线下连接。当你和用户从微信好友,到手机好友,再到生活中好友的不断加深,用户才会逐渐信赖你。交集越多,用户对你的信任度越高。这样才能实现"线上社群,线下营销"的多平台营销模式。

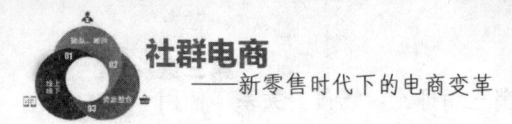

关系：维护良好的用户关系，实现复购

无论做传统生意还是做电商，销售者都希望自己的生意好。何谓最好的生意呢？就是能满足客户需求，能持续地产生源源不断的客户价值，就是好生意。

比如，我们小区里常见的小超市，卖卖日用品、蔬菜水果、生活用品。目标客户群精准，线下社区本身自带流量，每天都可能会产生固定的一次购买行为。订单总金额不大，但是每天每年都在持续发生消费、利润。而且做的还都是生命周期比较长的老客户，没什么推广成本，订单利润也高，这种小本生意毛利可以达到30%甚至50%，这就是好生意。

顶级的社群电商销售逻辑里，一定是复购率为王的，而不是所谓的流量为王。如果不是复购为王，流量很容易流于无用。

很多人知道群的重要性，也在乐此不疲地建群，但大多会变成这种现象，今天建了群，用不了三天人们就觉得无聊开始退群。所以任何不好好维护的群，其实挺不过一周，建群的时候聊得热火朝天，但是三天新鲜劲一过，群员几乎零交流，并不是人们懒，不愿意主动交际。而是在人的潜意识里，对于社交是有心理防线的，再或者现在每个人的手机里群太多，大部分的群除了占内存，再没有其他价值，尤其当一些群变成发小广告、拉投票、拉加速、

让砍一刀的时候，很多人就会义无反顾退群，因为没有价值的群，连鸡肋都算不上，只能是垃圾，只能退出。

所以说，流量很重要，但把流量转换成价值更重要。在当今互联网网民流量红利已失的情况下，考虑通过做大流量，以大流量来做大生意，这几乎成为了不可能。且不说现在买流量的成本，买流量之后带来的一系列转化问题就足以让很多电商发愁。光有流量没有转化率，其实就是浪费资源。

营销的目的在于成交，最重要的是产品，最关键的是用户，只有与用户建立了长期的品牌忠诚度，才能实现利润的最大化。所以，真正想要占领市场的根本是赢得用户，让用户对产品产生忠诚度。比如，有大部分人是苹果产品的死忠粉，也有一大部分人独爱小米、华为，无论是什么产品或服务，只有建立了用户的忠诚度，赢得了用户的信赖，才能为企业带来源源不断的收益。

让用户对产品产生忠诚度的前提是要维护良好的用户关系，让用户先认可了产品和服务，并且在使用产品和服务的时候收获良好、满意的体验，才能产生复购，不然一切都空谈。

在移动互联网时代，每个人每天接触无数次广告信息；在产品眼花缭乱、层出不穷的年代，你所要的任何产品几乎都有多个品牌提供。所以"爆品"抢占心智资源的速度尤其重要，因为"心智资源"代表着第一，代表着唯一。

在维护用户关系方面具体应该怎么做呢？

一、重视老用户

俗话说得好，维护一个老用户带来的利润会超过十个新用户，要给予老用户更多的关注，比如优先客户服务等；请他们对新产品提供意见、为老客户

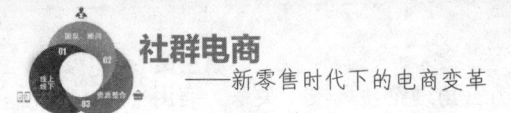

提供优先购买权、额外惊喜，如供应缺货款式等。通过这些操作，你会拥有更多的忠实客户，而不是一再投资然后漫无目的地等待新客户来访。

二、重视用户的负面反馈并进行改进

很多做电商的人都怕别人给予差评，而社群电商的模式没有谁的建议能比你的顾客更重要。因为他们就是受众，他们花时间写下的评价就是自己的真实感受，有一些细节是作为卖家的你所不能体会到的，根据他们的想法进行改进，消费者也会感受到你的用心，从而增加对你的好感。此外，你还可以向这些消费者发送邮件，感谢他们的建议。

三、好好利用好评

当你得到好评的时候，除了开心，你还有一系列事情要做。你需要将好评截图放到网站或营销电子邮件中，作为社会证明，激励其他消费者。你可能觉得这些步骤都是在吸引潜在客户，与老客户维护没关系。事实上，人们都希望被重视，哪怕只是在社交媒体上小红一天。

四、了解和适应客户购买周期

商家可能希望客户每个月都到店里购买一两件东西，但事实上客户购买也是有周期性的。你可以定时向客户发送邮件，分享一些与品牌有关的内容，来吸引消费者，促进购买。在发送邮件时，你需要把握客户的购买规律，过于频繁地发送邮件，会让客户对你产生反感。

五、为客户分组，设置标签

人分三六九等，每个人都有不同的需求和个性，要想满足个性和不同需求，需要为客户分组，然后才能进行精准推送。例如，如果是做服装的，要把

买休闲装的客户和西装的客户分开,把牛仔控和白领装分开。喜欢折扣的和喜欢新款的分开;把爱买优高质的和买二手库存的分开;客户分类分好后,你可以很容易地通过这些标签,向不同的客户发送不同的消息,如为较节俭的客户提供打折商品资讯,为新潮的顾客提供新品更新资讯。

六、任何时候都不能忘记给予客户良好支持

客户希望在需要的时候,不论何时,卖家都能立刻做出回应。对于客户在社交媒体上留下的一些疑问,卖家也要尽快做出回答。对于负面评论,卖家需尽量保持谦逊的态度进行回答,将负面评价转换成展示自己的机会。当你积极回应客户的反馈时,他们也会更加信任你,并且更愿意购买你的产品。

七、与社群成员定期讨论话题

定期讨论话题应该具备一定的仪式感,如首先今天我们预告明天晚上21:00—21:30将讨论一个什么样的话题,并选取积极发言的群员给予激励,让群员有一定的心理期待与动力。其次,群内的活跃分子和领袖人物,可以鼓动他们一起参与说两句,对讨论的氛围都会起到很好的效果。最后,选取优质的讨论结果整理成文,不管是群内发布也好还是自媒体发布也好,都会形成很大的影响。

八、线上给予社群成员参与感,线下互动沉淀

"参与感"就是聚焦一群核心种子用户,为企业品牌产品的研发提供其使用反馈、意见,并在这个过程里,自然而然地成为品牌宣传的一个渠道。理想的社群是能获得归属感的,而参与感是获得归属感的前提。如一间餐饮店,可以建立"一起做吃货";一个护肤品品牌,可以建立起"新品试用群";通过

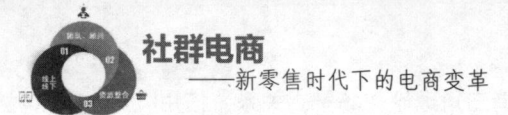

定期产品试吃/试用,给予产品反馈,甚至让他们参与进来给产品命名、拉投票等。

在建立社群归属感的基础上,还需要培养社群成员的视觉、听觉、触觉记忆,只有真正从网友成为朋友,才会有继续交流下去的可能。就像大学新生入学,建立了一个班级群,但大家还没见过面,没有共同记忆与话题,没有印象,从一开始的胡扯热情,到后面渐渐沉默,但是一旦开了新生见面会,并且在日后的生活中经常交流,那么话题就多了,即便不在群里聊,大家也会约出来聊。如一个青年社区,针对年轻职场群体,有自己的线上社群,隔三岔五在自己社区内搞活动;如一个书画坊,针对收藏者和书画艺术家,有线上社群,隔三岔五地在自己店里做沙龙;久而久之,在他们各自完成商业目的与个人目的之余,能使得彼此对这里有一种记忆归属。

九、要有一个载体作为入口

社群必须要有一个载体作为入口,如产品、服务或解决方案。如小米的载体是手机,罗辑思维的载体是知识。在消费升级和移动互联网的推波助澜下,整个商业逻辑发生了变化,过去是先有产品后有用户,但现在可以先有用户后生产产品。产品才是凝结群成员关系的媒介和群成员需求的解决方案,社群的调性、价值观标签固然可以把群成员快速圈起来,但如果没有产品把大家的痛处抚平,标签就会陷入没有什么用处的窘境。

在这九大方面下功夫,就能实现维护良好的用户关系,赢得用户对产品和企业产生忠诚度的效果。

第三章
社群电商营销三角理论：场景、关系、信用

信用：维护良好的消费者评价，完善信用背书

网络社会的发展，使人人都会上网购物成为现实，我国的网络消费者已经达到了"会上网就会购物"的状态，电子商务几乎渗透至所有行业品类。这么庞大的消费群体，最让商家重视的应该是诚信。举个最简单的例子，在电商的口碑和评价方面，一百个好评抵不过一个差评；从消费者的角度来说，更愿意相信那个差评，看到好评不一定对产品心动，但看到差评一定会对产品产生抵触这是不争的事实。所以，做社群电商在有了粉丝、有了产品、有了流量，甚至有了转化的基础上，还要重视一个最核心的问题——别把诚信弄丢了。

如有些人单靠刷朋友圈或者求转发，基本上还是停留在传统电商小打小闹的范畴，严格意义上来说算不上是社群电商。社群电商应该有产品文化、品牌信仰以及共同的爱好和信仰，如果没有这些，仅仅是在传统电商的基础上建一些群，拉一些人，就开始推销产品，这种粗放又缺乏情感的操作早已偏离了社群电商的本质。

很多人也在困惑，为什么群建了，人也拉了，而且人还不少，发发广告推广一下产品，为什么就没人买账呢？一发广告就屏蔽，一发产品就退群，乌泱泱的大群却没有几个冒泡的，大家要么潜水，要么直接抬屁股走人。要想做

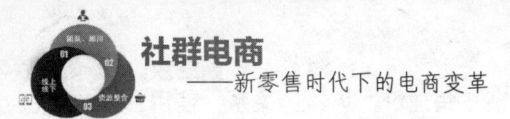

好社群一定要常问问自己,为什么会出现以上这些问题,原因在哪儿。

当我们进入一个社群时,如果对于社群没有深刻的认同感,那么在这个社群中,我们是很难保持热情的。如果无法保持热情,那么这个社群就会被我们逐渐忽略,成为微信里产生"垃圾信息"的垃圾场。所以,当我们自己去建造一个社群时,我们必须要获取用户的高度认同,否则社群质量将会土崩瓦解。

做社群,是拿个人信用做背书。除了"产品好+服务好",哪里还有什么捷径?与新用户建立信任,这和人与人交往有区别吗?时间是必不可少的,一见钟情这种非逻辑性事件能作为商业依据吗?

其实大部分人做的发圈、引流都只是做了一个动作,把好友加进来了,后续没有维护。加了一堆好友全是死粉,大部分好友不会看、不会主动问,甚至已经屏蔽了你的朋友圈。

建群是多对多的形式,群里人越多越热闹,只要群里有内容有福利有好处,那么他一定会围观、观察,甚至思考。这个时候,群里的活跃分子可以带动他们,甚至比你私聊的效果要好很多。但活跃来自信任度,无论是群信息还是营销刺激,营造出来的气氛一定是真实可信的。

只有建立了信任度,到了后期,不管你是卖产品也好,或者做项目也好,别人都会支持你,会关注你。不管你卖什么,别人都会找你买。因为别人相信你,所以他会毫不犹豫地为你的价值买单。

在社群电商里,要时刻记得"价值",你为别人贡献价值,才能在群中获得别人提供的价值。无论你给别人提供的是信息还是知识,要培养自己帮助别

第三章
社群电商营销三角理论：场景、关系、信用

人的意识和思维，有了这样的思维才能赢得别人的好感，再然后才能慢慢由信任你的人品最后信任你的产品。另外，不要滥用信任。滥用信任是因为大多数人都不太自觉而发生问题。而当你开始考虑这个问题的时候，就表示你差不多能约束自己的某些行为了。一旦自己的信用贬值，想再建立起来就很难了。同时，浪费别人的时间也算是滥用信任。

当社群发展到一定阶段，社群内部会认识到这个社群的价值，可以找到用户，愿意贡献自己的力量给社群；社群外部的人也愿意加入社群，为社群服务，因为它可以发展出它的潜在用户，可以赚钱。这样一来，更多的人在社群聚合，社群发展得越来越好，使得社群品牌化。社群一定要有价值原点、基于标签的原点、有自己的核心竞争力。不然会出现看起来很美好，一碰就散的现象。不光有肉体，还要有元精神。

社群电商之所以如此珍视用户的分享，是因为用户之间的二次传播才是提高关注度和引来流量的关键之所在。更核心的是，一次有效的分享行为，本质是用户在用他的个人信用和个人形象，为创作者的品质背书。罗胖在跨年演讲中提到了拼多多。他说，拼多多的成功，在于人的逻辑，在于撬动了线下真实场景中的用户分享行为。对于用户来说，无效分享会透支我们的个人形象，而有效分享可以让我们的形象增值；所以，真正的个人信用背书就要找到各种方法，提供有品质的产品，满足用户的分享需求，然后真诚地值得信任地去分享，最终才能产生裂变。

社群和粉丝经济有区别，粉丝经济是偶像越牛，粉丝就越觉得自豪。而社群却是，大家因为参与了这个社群而觉得自豪。社群老大要给社群提供一个

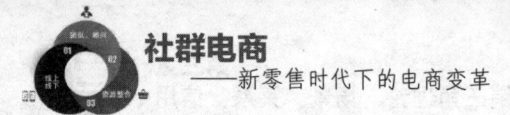

核心的价值,这样才能让整个社群稳定。比如建立一个社群就是通过培训和学习,那么在群里给会员提供免费培训,让大家通过学习能够有很多收获。大家还可以一起探讨新的营销模式和新的运营方法。这样的群,往往比那些上来就卖产品的群要高明得多,生存得也久。

第四章 四大平台，社群电商怎么"玩"

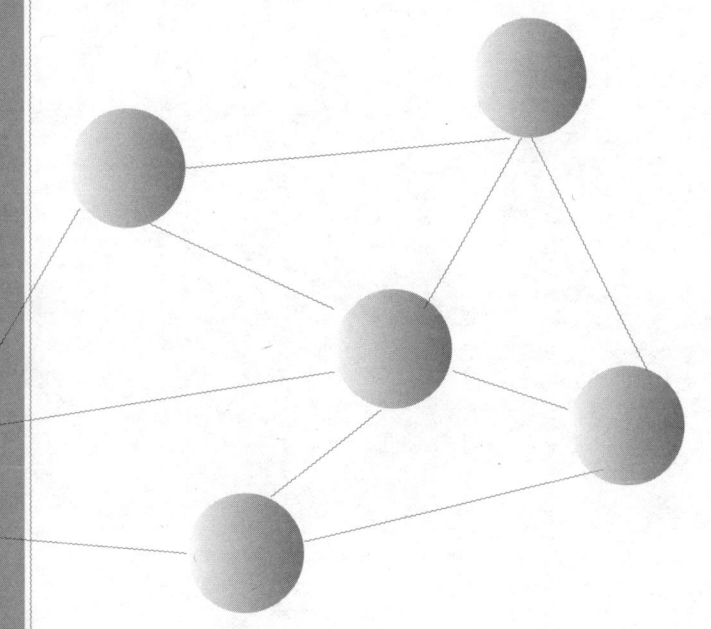

微信：不可忽视的红利制造机

就现在而言，微信依旧是市面上最火爆的社交产品，不但用户规模庞大，而且具有除社交之外的其他功能，因此微信对于目前的社群运营者来说，是最方便的一个搭建社群的平台，因此微信群的运营成了社群运营者的日常交流平台。怎么利用微信做好社群电商并产生红利是一件很费脑筋的事情。

很多人谈到社群的时候，会说不就是建一个微信群吗？微信刚刚火起来的时候，微信群的确是一个营销的利器，从最初的发红包开始，大家沉浸在抢红包玩乐的气氛中，比较喜欢群居，也比较喜欢分享。但也仅仅是建立在发红包和抢红包才活跃这样的节奏里。大部分的群属于半死不活，除了跟微信本身对于群人数上限有关（最多500人），很难扩展到更多方面，其次微信聊天记录不像QQ可以沉淀，语音就更难让人认同和接受了。人们一看60秒的录音其实就反感，如果整个屏幕全是这样的长语音，人们的潜意识里会直接不听，选择无视。微信群之所以是这种状态，一是和人们的快节奏的生活有关，没有人会天天混在群里，二是如果没有共同的爱好，纯粹是陌生人拉进一个群的话，聚在一起能干吗？所以，如果把微信群功能取消，你的"社群"还存在吗？

答案是否定的，真正的社群并非建立在微信的基础上。或者从严格意义

上来说,微信群不一定是社群,但真正社群包括微信群或公众号。

我做社群电商这些年,有个观察心得,有人认为微信群用户越多越活跃,其实不然,有时候,甚至会出现相反的情况,某些群不活跃,很可能不是因为人太少,而是人太多了。某些人的存在,可能导致另外一些人不愿意发言,或者不愿意说一些更私密的言论,这导致群的活跃度下降。有相当一部分人群面对陌生人,会存在防范心理,这是很多社群难以持续活跃的一个非常重要的原因。这是一个很有意思的观点:"某些群不活跃,很可能不是因为人太少,而是人太多了。"

说到这里有人倒困惑了,社群电商既然脱离不了微信,那微信群又不是人越多越好,究竟该怎么办呢?

所以,我们要有策略有方法,在微信红利渐渐趋于下降的当下,如何做社群营销、社群运营成了继公众号推广之后的一个营销重点。

社群营销自然就是要建群、进群、拉人头、吹牛、做推广、发小广告,具体怎么做呢,是用一个微信号来做还是多个微信号呢?

我们要先了解一下微信社群规则:

(1)一个微信号人数上限目前为5000人。

(2)微信群没有设限,每个群只能有500人进行微信社群营销,超过40人需要对方验证同意,超过100人拉人的话需要对方实名认证,也就是要绑银行卡实名。在建群的时候,一定要明确微信群定位,例如,产品型社群(如小米)、兴趣型社群(如读书会之类,如樊登读书会)、知识型社群(培训学习类,如罗辑思维、吴晓波频道等)、资源人脉型社群(以人脉资源,资源合作为导向，如正和岛、山脉圈等）、营销型社群（微商，销售产品，推广项目）。

这几种社群，最难运营的是营销型社群，营销型社群重点在输出价值（财商管理知识分享、微信群内人脉搭建、项目本身创富价值）建立信任，再产生商业价值。

我们需要明确一点：未来是经营用户资产的时代，只有人是唯一的，产品不是唯一的。所以我们要的是积累会员，做到更好地去经营和触动他们。我们来看一个利用微信进行社群电商的案例：

水果店小老板小孟，为了增加微信流量，每次遇到进店的顾客，都会选择在一些商品上以打折优惠的方式加客户微信。就这样，通过一段时间以后，积攒了不少联系人，每当店里进了新鲜水果的时候，他会精心拍照修图晒到朋友圈，并打出比市场更优惠的价格进行搭销或赚礼品的方式吸引客户，这样换来不少回头客，以及在微信上下单的老顾客。因为熟识的老客户多了，小孟把这些回头客建了几个群，不定期地在群里做促销活动，并且承诺如果客户转发介绍新的客户，除了在原有折扣的基础上享受优惠，还能享受其他赠品，于是很快，这些群产生了新的裂变，从最初的200人变成了500人，并建立分销群，通过奖励，让客户变成了潜在的销售，有了更多的人帮他卖产品。接着，小孟又升级了自己的社群营销模式，他具体是怎么做的呢？

第一步，小孟先把自己打造成个人IP，提升水果营养方面的专业知识，学会用花刀改造水果，切成各种各样的水果拼盘，造型独特营养搭配合理，主打孩子们喜欢的造型。

第二步，通过输出内容吸引了大量的客户以后，开始做拼团活动，主打

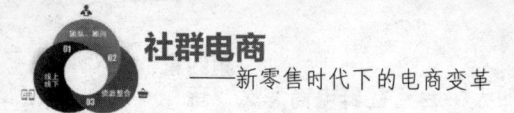

一款国外水果,用这个水果做了一期活动,自己写文案,找别人设计了宣传海报,并且和50个群里的老客户达成活动协议,转发可以免费得水果。

第三步,把活动进行了群直播,提前精心准备了内容,主打绿色无污染,当季零添加水果,拼团便宜,实时送达。并且给出了粉丝优惠福利,群里每满200人就发红包,并抽取前三名发活动奖品。

第四步,设置群邀请期。前期选好的群核心成员帮忙分享和转发,最后实现了成功引流上千人。群直播的效果也产生了效益,当天收获了1000多笔订单,取得了不错的战绩。

有了前面的铺路,后面小孟在自己的社群成员方面并没有持续扩大,而是精耕现有的成员,只要做到不流失客户,基本的生意就能继续维持。他在维护群员方面怎么做的呢?

第一,每天都会在同一时间提醒大家不要忘记健康养生吃水果喝水,也会发红包鼓励成员。

第二,每天会发一些精心编辑的图片和水果拼盘,并配上营养小常识,配上一段小清新文案发到群里,当然也会发到朋友圈。再加上小孟学到的营销知识等等,朋友圈的内容也是丰富多彩,有很强的可读性。

第三,小孟会准备好群互动话题。如二十四节气吃什么水果最好?应季水果有哪些?说说你家乡的特产?等等能引起讨论的话题,要让大家能互动起来,同时在聊天中可以发现大家的兴趣点都是什么,需求是什么,才能更好地抛出更多容易互动的内容,推荐大家需要的水果。

第四,提醒群内成员水果到货,开箱验货,发到群里;鼓励大家上传水果新吃法、吃水果技巧等；受到大家一致好评的，群主会给奖励。

第五，小孟偶尔会在群里搞一些小活动，如猜谜、猜价格等，猜对了就会有奖励，小活动成本不会太高，但是参与度都很高。所以群里大家都很活跃。

案例中的小孟用一些技巧和方法，并且不断提升自己的社群电商水平，来维护用户，看似从简单的微信群起步，事实上培养自己的超级用户的过程并不简单。

尽管外界不断地流传微信群已死、红利期已过的言论，但优质社群绝不会。优质社群的背后是优质的种子，是有真实影响力和活跃度的群主和群友，他们有深度的内在连接，有朋友之间相互的感情。正是内在连接使得优质社群在各种退群潮、经济衰退潮之中仍能够脱颖而出。

在运营微信的过程中，要记住：

微信是熟人的社交工具，而你可以慢慢地与客人成为熟人，这其中的连接便是成为客人的微信好友。加上微信是第一步，关键在第二步：建立良好的微信形象。千万不要把微信头像设成自己的企业logo，没人想看的，你的微信要是个"人"，有人的活动，人的喜怒哀乐，最好是个形象良好，生活积极，有一定爱好的"人"，慢慢地发朋友圈，建立良好的微信形象，给客人发的朋友圈点赞评论，让客人对你熟悉，有好感，那偶尔发个广告，这样的转化效果就不用说了吧！

QQ 社群：社群电商的全新生态体系

论起沟通工具，QQ 可以称得上是老大，不是其资历老，而是受众广，无论是学生还是家庭主妇，无论是公司员工还是游戏高手，QQ 群作为沟通社交工具，有很多先天的优势。无论从占内存还是使用稳定性方面，QQ 都具有很强大的功能。加入 QQ 本身具备的一些禁言、口令红包、签到、投票等适合群运营的功能。

所以，社群营销通过 QQ 社群能够实现很多较便捷的支持。一是推广，一个 QQ 群里能够容纳成百上千的成员，如果做好宣传和推广，效果肯定很好，毕竟人多力量大。二是变现，利用 QQ 群可以实现销售产品或服务，达到变现的模式。三是维护客户。不论是已经消费的客户还是未来潜在的消费用户，都可以利用 QQ 群推送想要让用户看到的信息。四是寻找价值观相同的人。很多 QQ 群的人在进群的时候大部分通过搜索进去的，比如地域方面的老乡群、同学群，比如喜欢某个产品的爱好群，这样就可以找到兴趣爱好相同的群。

总之，QQ 群的价值很多，大家要关心利用，并且发现他的价值。思维是很重要的，一个人的思维先进，就能把能够利用的事物发挥到最大的价值。除了这些，QQ 群同时要比微信群更细化的是一些专业群。如行业 QQ 群：包括跟你行业相关联的上下游 QQ 群，如你是做餐具或肉菜批发的，可以加入餐饮

第四章 四大平台，社群电商怎么"玩"

行业交流群。老乡同学战友群：老乡、同学和战友QQ群因为可以让用户查找到（微信群无法被查找），而且一般来说信任度较高，所以对于社群营销引流有着很高的价值。兴趣爱好群：寻找同频同趣的人，如登山、骑行、公益、读书群等；这种细化的QQ群对于社群电商来说，有着无可比拟的优势。

随着"付费入群"功能的出现，让一部分高质量的QQ群忽然变得稀缺了起来。我们希望加入某些有价值的QQ群，我们希望与一群人探讨高质量的话题，我们希望找到那些志同道合的人，现在需要支付1～20元不等的价格，来获取一个准入资格。那么，人们会付费加入一个QQ群吗？现代人有了付费的能力，也有了付费的意愿，但获取精准、稀缺资源的难度却成倍增加。虽然现在有了专门解决此类问题的互联网工具和平台，比如"付费咨询专家""付费认识专业人士""付费获取商业资源"等，但其门槛儿还是太高，不可能人人都能去开发APP，但搭建一个付费QQ群却是一件手到擒来的事。换句话讲，能否产生大量的付费入群用户，能否从收费QQ群中获利，和所需工具无关，但和群主的能力息息相关，这也是考验未来社群营销能否成功的一项重要能力。在利用QQ群成为最大、最成功的社群营销人，如罗振宇和吴晓波。

罗振宇曾提出"爱，就供养；不爱，就观望"，通过会员招募的形式，罗辑思维这个"超级QQ群"在6小时完成了160万元的收入；几个月后，又通过第二期招募，24小时入账800万元，合计近千万元。同样类似的案例还有吴晓波，他在今年移动社群大会上分享过一个案例，为了方便进行管理，设有各种读书QQ群，这些群聚集了目标和兴趣都一致的人进行制度化管理——传言门槛很高，这本身就是社群落地的一种体现。

所以，成功人士的案例也给我们提供了一个社群运营管理的经验和思维。QQ群引流的关键点：一是不要发广告，不要发广告，不要发广告（重要的事情说三遍）；二是要积极解答群友的问题，高效地输出价值，以及高效地互动，建立信任感、权威感，要吸引有兴趣的群友来加你，而不是你去加他们。利用QQ群做社群营销并成功吸金有一个很好的案例值得我们参考：

在电影《我不是药神》里，主人公程勇利用QQ群卖药的片段就是社群变现的过程。

程勇本是一个靠卖男性保健品为生的中年男人，本来以为一生就此潦倒。没想到因为吕受益的出现，改变了这一切。吕受益求助程勇给他到印度买格列宁，并且告诉他，可以通过卖仿版格列宁赚钱，药效一样，且市场需求大，利润达到20倍以上。刚开始，程勇是拒绝的，但在他的父亲突然晕倒，急需动手术、交不出房租等现实压力下，程勇不得不走上这条走私药品的路。而且通过吕受益的讲述，程勇发现了商机，这是程勇迈出的第一步。

第二步，真正开始卖药后，程勇才发现卖药并没有那么简单，各种被拒门外。但是从社群运营角度来看，他们有很多值得我们学习的地方。

首先，他们选择了目标群体高度集中的地方。无论医院还是白血病人"群居"地，都有高度集中的目标用户，成功的概率会比其他地方高很多。其次，他们抓住了用户的需求痛点——想要便宜的药。比如，他们的营销口号是："印度格列宁5000块钱。""专门治白血病的。""很便宜的。""你以前吃一瓶现在可以吃7瓶。"最后，吕受益作为一个真正的白血病患者，他本身是受益者，又是切身体验者，他最初很想说服病友来买药，在卖药时一直强调：

第四章　四大平台，社群电商怎么"玩"

"我自己是病人，我吃过的。""药效是一样的，你要不试试看？""我自己吃的就是这个。"然而，他的这些"有效"推广，却被用户非常果断地拒绝了！为什么呢？因为我们不会平白无故地去相信一个人。

这时候该怎么办呢？要寻找一位能够在这个小小的"社群"里能说上话的人，我们统称为找 KOL（意见领袖），这是程勇迈出的第三步。

转机就出现在刘思慧这个角色上，因为她是六院病友群的群主，更因为她认识上海所有病友群的群主。此时，刘思慧成为他们打通渠道的关键环节。为说服这个关键角色，程勇和吕受益也下了一番功夫。吕受益在说服刘思慧时采用的是这样的逻辑：价格便宜→药效完全一样→我已经吃过→你女儿可以试试→在群里推广。先让对方知道她能获得什么好处，再说自己的需求是什么。再一次见面时，刘思慧带来了上海所有病友群的群主，几乎是零成本，程勇、吕受益就通过QQ群拉拢了一大批精准的用户群体。既然大家成了一个利益相关的群体，那么就需要建立一套大家奉行的规则。打通与病友群体的渠道后，药品开始供不应求。程勇意识到需要找一个会讲英语的人，以便联系印度的药厂老板，获得药品代理资格。吕受益便给程勇推荐了牧师老刘，他也是一个社群里的积极分子和灵魂人物。这一次，程勇让老刘帮忙在基督徒里卖药。老刘有着广泛的基督徒人脉，他和刘思慧一样，很快就给朋友带来了更多的用户。从一开始的屡战屡败，再到后来的供不应求、财源滚滚。最根本的变化只是他们打开了QQ社群这个突破口，利用好了社群的优势。

从《我不是药神》卖药获得很大的盈利模式来看，我们可以学习到的社群运营策略是：

（1）对社群中的用户进行差异化服务。比如，程勇的卖药群里，吕受益和刘思慧、刘牧师他们既是用户（病人），又是运营人（卖药的），因为是核心用户，所以价格低。另外对于群里的一些其他核心用户群体，也给不同程度的优惠价格，普通用户则都是一视同仁，5000块一瓶的药价。这样的安排很合理，在一个社群里，用户的贡献值越大，就可以给他越多的奖励，对他进行激励。

（2）进行产品定位和用户定位。比如，《我不是药神》中的用户都是需要格列宁的，但不同的医院有不同的病友群，以医院为单位，让一个代表统一来取药。从用户的角度看，以医院为单位创建QQ群，方便各医院的代表统一来取药，取完药直接回医院发放给大家。这样无形中产生了裂变和传播，在原有QQ群口碑爆棚的基础上做裂变覆盖外省群，一传十，十传百，低价的药、一样的效果十分诱人。抓住用户痛点，产品又是刚需，裂变自然也就快。

通过这个案例，我们可以发现利用QQ群进行社群运营的逻辑和方法：

（1）做任何产品或服务，要对市场进行调研，先要证明产品是可行的，才能去进一步运作。另外，要对自己定位：你做什么内容？（出售资料？培训收费？人脉互通？发放折扣？兴趣研究？高端内容？）当你对自己的付费QQ群定位完毕，你需要进行素材整合。最简单的问题：你要明确群员加入以后能获得什么？

硬件准备妥当之后，你需要进行软件的整合。所谓软件无非就是你的营销文案，你的推广方式，你的流量平台。

（2）建群不是盲目拉人，而是要找到目标人群，最好是刚需人群，如此才能有共同的目标和价值观，能够提升大家对社群的依赖性和认可度。如此才能为后续裂变打下坚石基础。

（3）社群的用户不同，运营的方法和手段、奖励也不同。差异化运营，建立相应的激励体系，才能让核心人物更积极、主动地去带动其他用户。

（4）对社群进行分类，具体以地域、兴趣或是其他方面来分，依据产品和用户定。假定我们现在已经达成所有条件，可以开始操作，那么首先我们就要确定做什么类型的客户。例如，你想通过年轻母亲这个群体来做收入，那么只需简单分析即可，什么地方年轻母亲多？（如贴吧、豆瓣、垂直APP）他们有什么样的需求？（教育、新生儿知识、产后恢复等）又如你想通过应届考生来赚取利润，同样简单地分析，什么地方考生多？家长多？（教育类平台、社区、考试类APP、教育社群）他们有什么需求？（得到考试资料、考得好、顺利升学等）分析的思路大概如此。

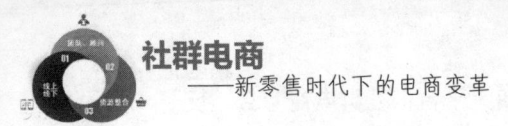

百度贴吧：社群电商的主战场之一

百度贴吧，是百度旗下的独立品牌，全球最大的中文社区。贴吧的创意来自百度首席执行官李彦宏：结合搜索引擎建立一个在线的交流平台，让那些对同一个话题感兴趣的人们聚集在一起，方便地展开交流和互相帮助。贴吧是一种基于关键词的主题交流社区，它与搜索紧密结合，准确把握用户需求，为兴趣而生。

百度贴吧是最具有社群属性的互联网产品，它的形成、管理、运营皆由网友完成，可以说它具备了社群的最基本的3个要素。所以，几乎每一个贴吧都是一个社群组织，具备非常强的天然场景和聚集属性。

贴吧的使命是让志同道合的人相聚。贴吧的组建依靠搜索引擎关键词，不论是大众话题还是小众话题，都能精准地聚集大批同好网友，展示自我风采、结交知音、搭建别具特色的"兴趣主题"互动平台。贴吧目录涵盖社会、地区、生活、教育、娱乐明星、游戏、体育、企业等各方面，是全球最大的中文交流平台，它为人们提供一个表达和交流思想的自由网络空间，并以此汇集志同道合的网友。

百度贴吧之所以能够成为社群电商主战场之一，是因其具备了很大的优势：

（1）基于百度搜索下的一个平台，其自身流量庞大。从2003年百度贴吧推出以来，贴吧也是百度的主打产品。一些网络用语大多起源于贴吧和微博。具有效数据统计，贴吧大概有2个亿的注册流量！活跃的在线用户大概有6000万人次！

（2）百度贴吧是根据关键词定位而创建的交流社区，每一个贴吧都围绕一个关键词话题，而关注该贴吧的用户都是对这个话题感兴趣的，换句话说都是精准用户。比方说用户关注"高血压"，那么就代表用户要么是想要了解这个病，要么就是对这个病相关的事情感兴趣、有需求。

（3）做贴吧推广并不像广告投放需要投入大量的资金成本，贴吧推广最大的也就是推广账号的成本，其他的成本都是可以忽略不计。另外，推广账号也可以重复利用，并不是一次性的。

（4）见效时间快。做贴吧推广只要把帖子发出去，被用户看到后就可以立马见到效果。百度贴吧的聚合特性还使其成为用户社区的不二之选。很多贴吧合伙人电商也值得每一个垂直领域企业关注。因为贴吧合伙人让中小企业可以非常轻松地找到潜在用户，同时借助百度大搜索，当用户去搜索"某地的某项服务或产品"时，会由搜索引擎直接导入贴吧，能够实现用户"主动找上门"的搜索效果。

当我们知道了百度贴吧的这些优势以后，如何去利用百度贴吧做社群营销呢？

很多人都知道引流的重要性，于是每天都在到处加粉，但大家都没意识到的是：加过来的粉丝不会互动。粉丝不互动，再多的流量都没用，没有沟通交流就不能产生信任和认可，也就不可能产生后续的交易。那么，新来的陌生好友该怎么沟通？开口说什么？怎么迅速挖掘潜在客户的喜好？怎么找到切入点获得对方的快速认可？只有思考并解决了这些问题，才能为后期的成交打下好的信任基点。

大家都知道，每个贴吧都有自己的主题，贴吧有几百万个兴趣吧，每个吧都有着一个自己的中心主题。能够来到同一吧的吧友，肯定对这个主题有着共同的兴趣，知晓了对方的喜好，就能更好地为沟通交流找好切入点。我们可以根据对方的喜好快速地融入对方的情感世界。

做贴吧社群营销首先要有几个账号，因为只有帖子在首页才会有高的曝光率和点击量，而只有别人回复自己的帖子才可以展示在首页上，在别人没有关注并回复自己发布的帖子的时候，一个小号的重要性就体现出来了，自己给自己顶帖，提高曝光率。另外，最初的时候，要先养一段号，提高账号的等级。为啥要先养号呢？因为级别越高，被系统删除的概率就越低，等级高百度才更信任你，这就是为什么很多刚玩贴吧的小盆友的帖子发生秒删的问题，一样的广告帖，删除你等级低的也不会删除等级高的，除非是吧主看你不顺眼了才会都删除。这就是等级，同时也是为什么养号的原因了。

刚开始养号先用手机签到，因为手机签到经验高，然后随意回几个帖子，能回复尽量完美一点帖子最佳，这样升级也更快。等到了一定的级别，才能进行下一步的粉丝维护，引入广告或进行营销。

在贴吧做社群需要注意以下几点：

一、对贴吧的选择要有所侧重

选择发帖要有侧重点，如果单纯为了留外链，最好选择一些冷门的贴吧，有吧主的贴吧管理一般都比较严格，发外链、发广告很容易就被删了。而冷门贴吧很少存在这样的问题。如果是为了提高流量，就一定要选择一些热门的贴吧，不过有些贴吧的人气虽然非常高，但是竞争非常激烈，你的一个帖子几分钟就沉了，也达不到网络推广的效果，所以这个你得自己把握。

二、学会蹭贴吧的热点

利用当时的热门事件结合自己的宣传信息进行推广，往往这样的帖子推广效果较好，能够吸引很多的点击率。你只需要在对应热门事件贴吧里面回复即可，实践证明回复在8楼以下的帖子删除概率较小。你不用担心在8楼以下还会不会有人看。因为热门事件的贴吧热度最起码能维持1天。

三、重视发帖技巧，不能随心所欲

不要在不同的贴吧中重复发帖，至少改一些标题和内容，不然你发几个就发不出去了，而且还很容易被百度管理员关注。在同一个百度贴吧推广的帖子数量不要太多，1~3个就行了，有时间多坐坐沙发，带上链接也是一样的。带链接要慎重！如果你发的帖子没有被顶很快就会沉下去，如果你要顶自己的帖，不要太频繁，最好多注册几个马甲帮着顶。

四、在贴吧帮助别人等于帮助自己、帮助菜鸟

就像一个人想找某首歌，回帖的基本都带链接，吧主总不能这个都不允许吧。延伸一下，没有菜鸟那你就自己制造个菜鸟，然后自圆其说，这就有点类似于百度知道的推广方式了，大家都喜欢乐于助人的人。或者赞美别人的回帖，好听的话谁都爱听，在一个社群里只有有互动、有认知度或者帖子足够有吸引力，别人才愿意主动回复你。用帮助别人的方式刷脸是很有必要的，后期

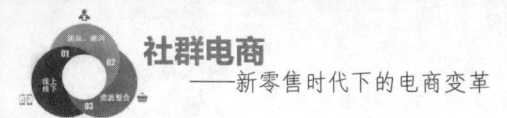

自己发帖点击率才会高。

五、用软文吸引和打动别人

百度贴吧软文,还是比较好发的。一篇好的软文不仅会赢得网友的赞赏,还会让网站编辑或管理员对你产生好感,随手将你的文章或帖子推荐到首页。软文后面可以带上链接,如果你能把你的宣传信息编辑得天衣无缝,那么你的帖子就会长久地保存在贴吧里面。每天发的帖子不宜过多,每天10篇以内。广告可以是软文,可以把成人产品信息放在个人签名档里,能达到一样的效果。前期我们就是在一个社群里刷脸,最好先和吧主们搞好关系。后期就算直白的广告帖,也会睁一只眼闭一只眼。自己的个人资料、头像、签名档,最好以水印的方式把自己微信号加图片上,因为最近发现直接个人签名档打微信两个字有时候不显示。和朋友圈发布一样的规则,侧面地反馈和软性营销才是我们发布产品的最好方式。根据自己所经营的产品,选择最吸引人的标题和最具展示力的图片。或者最好的反馈文字。另外,有一点特别需要注意,软文就是要"软"才行。比如你卖减肥药,你可这样写,"减肥5年心酸路,我终于瘦了"类似这样的标题,同样不能广告痕迹太重,而且也不能直接留微信号,否则很容易被删。写得尽量真实,语气要尽量接地气,然后分段发布,这类帖子一般反应会比较热烈,你在最后可以来一句,感兴趣的加我微信(贴吧用户名称),一篇帖子加个十来个人不是问题,如果能持续顶在前面,会天天有人加你。

贴吧和微博的方法一样,也是用关键字进行搜索,正所谓没有牛逼的资源帝,只有勤劳的搬运工。每个人寻找资源的途径不一样,但在某一个领域都能出高人倒是不争的事实,能够充分利用贴吧的优势做社群营销,这也是未来社群电商的一个途径和板块。

众筹：从众筹到社群电商众筹

随着全球互联网事业的兴起，众筹成为多层次资本市场的一个重要部分，这使底部的一些小微企业的经济行为也能够获得复杂的金融模式的支持。

"众筹"一词翻译自国外的 crowdfunding 一词，即大众筹资或群众筹资，由发起人、跟投人、平台构成。具有低门槛儿、多样性、依靠大众力量、注重创意的特征，是指一种向群众募资，以支持发起的个人或组织的行为。一般而言是通过网络上的平台连接起赞助者与提案者。群众募资被用来支持各种活动，包含灾害重建、民间集资、竞选活动、创业募资、艺术创作、自由软件、设计发明、科学研究以及公共专案等。

和专业化的金融服务体系不同，众筹对于中小企业和新创企业很友好，使得小企业和个人也能够参与到大企业的经营体系中去。

当然，在形式上，现代众筹是指通过互联网方式发布筹款项目并募集资金。相对于传统的融资方式，众筹更为开放，因为能否获得资金也不再是由项目的商业价值作为唯一标准。只要是网友喜欢的项目，都可以通过众筹的方式获得项目启动的第一笔资金，为更多小本经营或创作的人提供了无限可能。

在众筹模式的实践中，众筹对于文化产业和文化创意行业十分友好。对于有故事并能够进行体验的文化产品而言，众筹更加适合。所以众筹+文化产业，将成为未来市场很重要的一项。

众筹最初是艰难奋斗的艺术家们为创作筹措资金的一个手段，现已演变成初创企业和个人为自己的项目争取资金的一个渠道。众筹网站使任何有创意的人都能够向几乎完全陌生的人筹集资金，消除了传统投资者和机构融资的许多障碍。

随着基于互联网信用体系的建设，众筹模式打破了仅仅在熟悉的人脉圈中进行筹款的局限。而是能够将筹资的对象扩展到全网，众筹模式能够做成大事，将企业组织的所有工作流程都变成开放的体系。而一旦使用众筹模式，其实也就打破了原来的企业管理模式，一切都是开放边界的，是大家一起做事的状态。

从众筹空气净化器、手机，到入股当股东——众筹度假村，京东、阿里、苏宁等电商大佬在众筹形式上不断地刷新消费者的世界观。

针对众筹网上还流传过一个有意思的小段子：

请5个人过来吃火锅。给第一个人打电话：顺路买点菜来，就差蔬菜了。给第二个人打电话：顺路买点羊肉，就差肉了。给第三个人打电话：顺路买点冻豆腐、各种丸子什么的，就差这个了。给第四个人打电话：就差酒和土豆了。给第五个人打电话：就差点儿火锅底料了！然后，挂电话烧锅水，坐等美味……

在这个故事里，由某个人发起，每个参与者都贡献出一定的资源，最终达成了单个人拥有的局部资源所无法达成的目标，每位参与者也都从中获益。这也是社群模式的雏形，通过社群的参与者达成了发起人的目标。

众筹平台非常利于创新产品打造自己的粉丝社群，而且参与众筹并支持你的粉丝活跃度是相当高的。长远来看，这群从众筹平台上打造的粉丝会对你日后项目的扩展非常有利，因为无论你之后上线什么平台，或者推出什么新的产品，你都有一群忠诚的粉丝紧紧追随，鼎力支持。

企业或个人通过众筹来发布自己的产品，并让人们购买尚未生产的产品，可以在生产前提前了解市场反应，了解人们对产品的需求。这样来推出新产品，会极大地降低试错成本和风险。

众筹方法不断发展，成为了社群电商另一个战场。社群众筹就是基于社群资源进行众筹。具体地说，就是用众筹的思想和方法切入社群，促进社群变现，实现社群价值的最大化。我们一般看到的众筹是京东、淘宝这些，一般流程是这样的：项目方提交项目→平台审核→项目上线→投资方确定是否投资→入资→项目启动。信任是社群的基础，没有信任，无法众筹。所以说，社群众筹比陌生人众筹具有了天然的优势，操作起来简单容易得多。

社群众筹方面，3个爸爸是一个值得我们参考的案例。3个爸爸儿童净化器在京东众筹上线以来，一个月内就筹到1122.6万元的项目资金，创造了中国第一个千万众筹纪录。通过众筹，3个爸爸不但获得了资金，还快速打响了自己的品牌，成了那些初创品牌学习的榜样。3个爸爸的项目能众筹到1000多万元资金，主要做对了以下几件事情：

一、定位独特，走差异化路线

想要做众筹，你的产品必须有差异化，必须和市场上其他的产品不一样。如果市场上都能买到，为什么其他人要花钱、花时间去等你的产品出来呢？在2014年，上百家空气净化器品牌都死掉了，因为小米净化器出来了。虽然小米的净化器本身有很多槽点，但是小米本身实力较强，可以按成本价去卖，于是迅速抢占了市场。很多其他品牌就是这样被小米打死的。但是3个爸爸却能够脱颖而出，3个爸爸坚持了独特的定位。为了给孩子们提供最清洁的空气，他们没有选择一个特别低的价格，而是选择用最好的材料。正因为产品定位和小米不一样，3个爸爸赢得了早期的生存空间，也赢得了众多支持者。

二、能够用故事打动用户

很多发起众筹的产品，都有初心，都有背后的故事。3个爸爸的初心，是为家里刚降生的宝宝们做一款专业的空气净化器。他们希望孩子呼吸的空气都是健康的。正是这个真实而简单的初心，帮他们吸引到了很多天使用户。众筹其实就是调动人家去支持你的梦想。如果你没有初心，没有情怀故事，就不会聚集到忠实的支持者。那么只靠京东那点流量，它一定不会有太好的结果。

三、好的众筹来自好的团队

3个爸爸众筹成功的另一个关键点，是他们有一支很优秀的创始团队。戴总和另外几个创始人，本身就是做传统营销出身的。虽然他们过去是做传统营销的，但是不服老的爸爸们快速学习，迅速转型，在线上营销方面也做得风生水起。为了积累天使用户，获取到用户的真实痛点。3个爸爸中的戴总拉了8个微信群，天天和用户"滚"在一起，又经过了反复总结，最终梳理出了净化器的12大痛点。这样做出来的产品，必然能引起用户尖叫。

四、众筹的前提需要人脉积累

3个爸爸跟创业家有深度合作，他们在创业黑马这个体系里，有很强的人脉关系。通过人脉关系，通过独特的定位，再通过情怀和创始人代言的传播，3个爸爸很快就把创业家这个社群搅起来了。再通过这个社群辐射到其他的社群，然后再辐射到整个的社会。这样他们就得到了很大的曝光度。

五、好的众筹离不开平台和服务商

在京东申请众筹的时候，如果你的项目不错，京东的项目经理就会来跟你沟通。这时候，一定要多跟他问一些东西。包括你应该怎么走、怎么定价、项目怎么设计等。或者你还可以找一些众筹服务公司，去把你的页面做好，再考虑做一些小的投放，然后做一些引流，基本上就会有很好的效果。

3个爸爸众筹的成功，集天时、地利、人和于一体。所以，真正想把社群众筹做成功也有一些方法值得学习：

（1）社群众筹主要靠的是自身的信用背书，徒友参与众筹之后的积极意义，在于个人信用的日常维护和加持，这非常重要；

（2）在众筹过程中，激发对方的爱心和公益心，或让众筹与公益相结合，直接捐一部分钱给公益组织，这也是很重要的，这会使人们乐意帮助你实现梦想；

（3）线下的社交场合对于顺利众筹是个十分重要的技巧，在线下组织聚会，请在场的朋友支持你的众筹项目，并马上在各自的朋友圈转发；

（4）结合自身的产品和服务设置回报项，既让你和支持你的朋友两不相欠，又巧妙地推广了自己的产品和服务，实现良性循环，值得反复多次使用；

（5）进行有效精准的沟通，先仔细筛选人群，定向沟通，可以达成高达50%的成功率，远超一般的10%成功率；

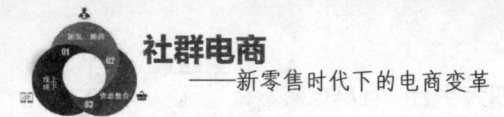

（6）仔细设计最早出现的支持数字，对于之后的支持者，有很大的引导和示范作用；

（7）众筹宣言很重要，清晰、明确、具体的叙述，更容易让支持者从心动马上转为行动；

（8）选择有活跃度的微信群，尽收事半功倍之效，并进行持续有效的进度播报，直至众筹成功，鸣金收兵！

第五章 社群电商操作的四大关键

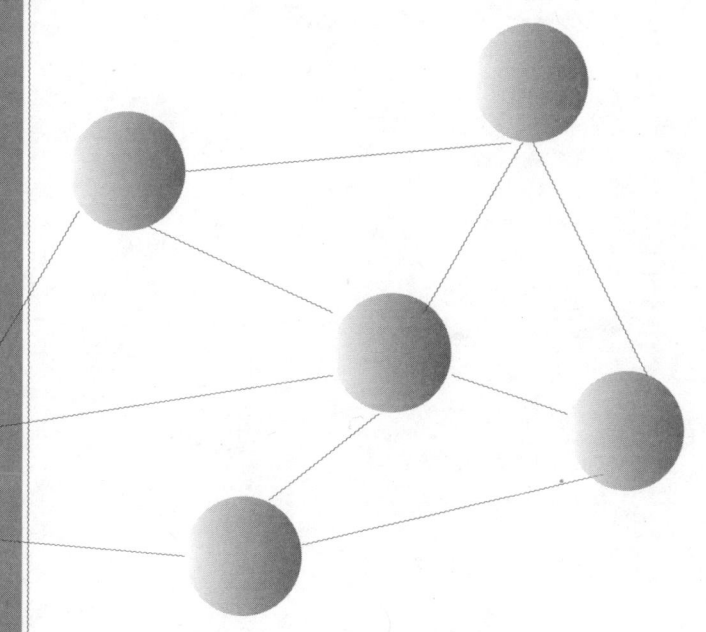

第五章
社群电商操作的四大关键

"社群好友"升级为"用户"

很多社群团体，如QQ、兴趣部落、陌陌、知乎、豆瓣等，无论承载形势如何，都面临同一个问题，也就是在数量庞大的团体里面，真正活跃、内容质量高的并不多，可能还占不到总数的20%。剩下的80%要么不够活跃，要么人少或者是僵尸团体。那么如何提升团体的活跃度，提升优质团体的占比呢？这是很重要的一个话题。只有提升了活跃度才能进一步将一个"群里"的成员变成用户。

提升群活跃度，管理员是很关键的。管理员积极发起话题、活动等都能很好地提升群的活跃度，从而让成员获得归属感，尤其是早期的时候。后面的群慢慢发展，出现了多个活跃成员后，群就可以慢慢进入一个良性循环状态，活跃成员带动，提升活跃度。一旦形成良性循环，才能将用来只属于群成员的人变成用户或潜在用户，而不是在群里却形同僵尸一样。

将"社群好友"升级为"用户"是每个社群电商经营者想要做的事情。那么，如何才能有效解决呢？

一、要重视成员的意图

每一个进群的成员都是有意图的，不然谁也不会浪费时间和手机空间无缘无故进一个群。社群成员在参与你的社群之前会出于爱好、结交等意图查找

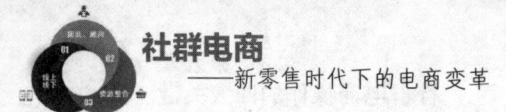

社群,了解社群的基本状况。这里社群运营者需要留意的是,成员查找到的社群可能不止你这一个,所以社群运营者需要提高自己社群在成员挑选阶段的竞争力。

二、明白"粉丝"和"顾客"的不同

粉丝可以转化为客源,客源也可以转化为粉丝。在微信里面,比如说在微信公众号里面有很多是你的粉丝,但可能不是你的客源。根据我自己的经验来看,我们自己在做自己的品牌、卖货的过程中,也是在将粉丝和客源之间进行有效的互动。我觉得粉丝和客源之间的区别并不是最主要的,最核心的还是沟通要做好,只有这样才能真正的有价值。

当你的社群有了竞争力之后,还要考虑到从"粉丝"到"顾客"之间的转化关系。粉丝是对你有了认同感,对社群也有了认同感,所以即使没有什么实质性的利益关系,也会留在社群。而顾客不然,顾客就是你提供的一种有价值的产品或者服务能满足他的需要,他对你的品牌或者你个人认同以后他愿意花钱去购买。一旦从粉丝变成顾客以后,他对你的要求就发生了改变,粉丝是出于对价值、对理念的认同,仅仅是一种喜欢,但是顾客购买的是一种服务,对服务的要求是苛刻的,要有质量的保证。因此我们要注意,当粉丝变成顾客以后,你就不能按照原来粉丝的方式去服务他了,你要按照顾客的标准去提供服务。

三、从群友到用户,信任是桥梁

如果是个人的产品,你的方方面面都要能够获取粉丝的信任,本着忠诚的方式去做事,不要去关注结果,我想一定能够提高转化率,这就是信任的价值。从粉丝到顾客，就是将喜欢到认同的关系转化为商业关系。这个就属于顾客运营了，顾客运营以后就变成客户，就是用户的运营。用户不仅仅想购买你的产品，他更希望和你进行交流，他希望和你分享、互动，他甚至希望你可以给他提供更多的东西。而这些东西属于在产品和服务之外的人格化的东西，也就是信任。只有让粉丝对你产生足够的信任，才能有持续不断的效益产生。一个公众号要获得大家的喜欢和认可，一定是要人格化的，一定是要有灵魂的、有思想的、活生生的，一定不能只有内容，这是没有多少价值的。同样地，我们讲从粉丝的关系到顾客的关系，事实上来讲，这种转化最主要是本着一种真诚的态度。

知道了如何去做之外，还要了解成员的需求，在我看来，在一个社群里，成员有短期需求、中期需求和长期需求。

短期需求成员看重福利。在群成员刚进入社群的时候，都会有一些陌生感，不会主动交流，这个时候最好的方式就是发放福利了。筛选方式也很简单，谁最活跃就发给谁，同时还能形成一种正向的引导，鼓励大家活跃起来。在运营社群的过程中，我们在不断活跃社群的同时，要时刻注意群成员的反馈。什么样的福利活跃度更高，什么样的福利激起了潜在活跃成员的参与。不同的成员需求不一样，只有多试多观察才能准确地分析。

中期需求成员重在体验。当群成员对社群和产品有了一定的了解，一般的福利投放不能再吸引他们的注意力了，这个时候的运营重点就在于提升群成员的体验感，为群成员设置任务，让群成员感受到完成目标的成就感。免费的产品体验可以让群成员短时间内了解产品，但不会引起重视，因为轻轻松松得来的东西大家都不会珍惜。这个到了运营中期，设置任务不仅能给用户带来新的体验感，也能帮助我们过滤用户，沉淀自己的种子成员。积极分享群成员的用户体验，吸引更多的成员加入进来，让社区成为一个大的分享课堂，给群成员一个"他可以我是不是也可以"的想象，再加上运营人员的一对一沟通引导，让他参与进活动中。同时要对积极的成员给予奖励，努力让成员从一个体验者变成分享者，那么这样的社群运营就向前推了一步。

后期需求需要一个好的平台。社群到了后期也就意味着群成员都已经完成了沉淀，前期的大量普通成员都有了质的不同，一部分变成了天使用户，一部分变成了种子用户，还有一部分产生了新的裂变。这个时候，就要积极地推动整个平台，通过产品、通过社群带来利益的最大化。用心发现用户的不同寻常之处，不断调整产品特点和群成员需求点之间的匹配度，试着让群成员变为宣传的一部分，因为产品的代言不仅仅是名人效应，还有用户的烘托。

很多人可能要说了，我连涨粉这一步都做不到，又怎么能让粉丝转化成用户呢？所以，这里有一些涨粉小技巧供大家参考：

（1）通过线下的活动、产品的活动，也可以是产品的发布活动、产品的体验活动等，通过这样的方式去传播、分享你的观点，或者分享你产品的观点、产品的价值观，让大家体会体验，让他了解你、认识你，通过这种方式去加粉。

（2）让好友帮你推荐，有一些朋友对你非常认可，对你的做人、对你的人品很认可，对你的专业很认可，他就愿意帮助你推荐一些潜在的朋友，这种推荐叫作连接，就是互相帮助的方式。你认同我你就推荐我，你不认同我，我请你帮忙推荐我,你也不愿意。同样的道理,我们讲人际关系,更深入点,更深切的这种关系就在于对人品、对专业程度的认同,认同以后必然会产生互相推荐的价值。

(3)通过品牌传播的方式去增加粉丝。品牌传播的方式有很多,最主要的方法是自媒体的传播,通过自媒体的传播让人家了解你、添加你。比如说我们利用微信公众号,你可以写文章,你也可以在微信公众号里面写你的产品、品牌相关的文章内容,甚至是促销活动等等,这样也是可以增加粉丝的。

(4)有了新朋友,不忘老朋友。一个品牌一个企业运营了很多年,必然会积累下来很多老客户,这个老客户有的可能不再联系了,那么就需要你通过短信,或者微信的方式把他们重新激活,或者说你要把他加在你的微信里面。

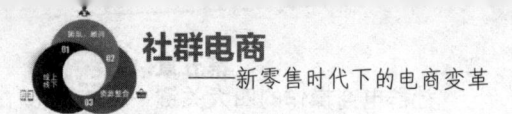

重视产品质量

当我们开始运营一个社群时,首先要考虑的是经营产品的质量或者是提供的服务价值。因为这是社群赖以生存的基础。如果商家的产品质量没有人把关,那么社群电商根本是无法做起来的;如果产品质量非常好,那么产品的传播性就会呈几何级增长,因为将会有一群人帮你做宣传,当然品牌的影响力也将大大增强。

无论时代怎么变迁,竞争如何激烈,好质量的产品自己不会被埋没,商品质量是消费者选择产品首要考虑的问题。换句话来说,商品质量是企业提高性价比的基础,只有保证商品的品质,才能赢得消费者的关注。

在没有互联网的时代,人们都会感叹"好事不出门,坏事传千里"的这种状态,这只限于人们街头巷尾口耳相传,坏消息都会不胫而走。互联网时代,商家都有最真实的体会,尤其是电商,100条好评抵不住1条差评。这就是口碑的力量,如果是正面口碑,口口相传,品牌就有了生命力,反之则会死得很惨。

一个好评会让用户心甘情愿地为品牌多付多少钱呢?调查显示,如果是积极正面的评论,人们会更愿意多付10%,反之,则是少付11%。

为什么这么说？因为商家所有的主动宣传，只能触及第一级受众，你做得再好，触及的人再多，对他们影响再大，都是有限的，而且成本巨大。过去口碑传播效率低，传统营销、品牌建设工具，我们称为"一次营销"工具。商家对这个人是否帮你宣传（二次营销），以及他能宣传给多少人，几乎没有控制力，更不要说他宣传完之后，他的朋友是否还会继续被打动，再次宣传（三次营销）。

在过去，好产品用完客户也是有口碑的，但传播率很低，衰减率很高，你跟别人讲的机会很少。有人到你家里面，发现这个净水器不错，然后你介绍说这是海尔的，挺好用的。其实这种机会很少，他再去传播给别人，可能性会更低。移动互联网时代，一些"爆品""快公司"的出现，都和"足够好"的产品，遇到"足够猛"的社交有关，说白了就是互联网时代，口碑的力量。

口碑怎么来的呢？无非是一个用户在使用的时候超出了预期价值，然后他才有分享的冲动，才有把好东西说给亲戚朋友的可能。

所以，无论是传统电商还是社群电商，想要走得远、走得稳的企业和个人，最关键、最核心的还是要重视产品质量。

社群营销最核心的价值就是要让用户产生复购率。所以，没有好产品是不可能的。好的产品意味着已经吃透客户的购买心理，已经能满足客户的痛点需求，并且带来了非常好的客户体验。这个体验好到让他们自己发朋友圈、发微信，向亲朋好友义务宣传"安利"这个产品。能口碑传播的产品，可以减少大量的营销推广资源。一传十，十传百。目标客户群的一个客户的痛点，一定是某一群体客户的共同痛点。只要通过这个社群圈子的一个人，搞定他，就能

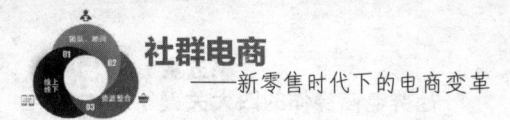

通过他渗透更多的潜在目标客户群。这种社群的力量，只有好产品的配合才能真正做到。否则坏产品只会形成坏口碑，从而导致坏产品更加销售不出去，影响了潜在的市场发掘。

即使很多人认为社群营销要做情怀，如果没有过硬的产品质量和使用体验，情怀仅仅是昙花一现。比如，罗永浩做的情怀很好，粉丝也很给力，但他的锤子手机上市没有多久就偃旗息鼓了。

随着互联网的快速发展，一部分企业借助情怀营销的势能让企业知名度在业界有了大幅度提升。我们可以看到，虽然这些企业影响了大部分圈内人，但是圈外真真正正使用产品的用户并不知道他们在干什么，那这些营销算是真的成功吗？情怀说起来是一个精神升华的事，一般情况下终端用户很难受到情怀感召。即使用户查询信息后被产品赋予的情怀所感动，可一旦发生糟糕的体验或者性价比不高的事实也让产品很难与情怀联系到一起，很难持久下去。与一直专注产品质量的企业相比，他们有点本末倒置了。

好产品自己会说话，用户才会口口相传。苹果手机经过一代又一代推向市场，营造了连夜排队购机的火爆场面，跟过硬的产品质量脱不开关系。

在这个信息无限庞杂的当下，广告和营销对消费者的效力，已经越来越弱。随着社会化平台的兴起，口碑效应尤为重要。最能影响消费者购买的因素，已经不是广告，而是朋友的推荐以及消费者的评论。这些推荐和评论，大多数是基于产品本身，而非营销做得如何漂亮。或者换句话说，要想营销做得漂亮，前提得是产品质量和口碑漂亮。

小米公司的黎万强，说过一段话："我们做营销策划的同事，全都是产品经理出身，而且一定要是好的产品经理。如果不懂产品，一定做不好营销。所以，现在我还坚持在一线做产品和设计，就是为了保持温度感。"

雷军说过："我过去20年都在跟微软学习，强调营销，其实好公司不需要营销，好产品就是最大的营销。"

从企业的角度，营销最内核的是产品和服务，我们怎么去发现客户的痛点，并且把这些痛点通过经营转化为产品，最后还能持续为客户提供非常好的服务，这个闭环一旦形成，企业能够获得更大的发展，客户也能买到对自己比较好的产品。

产品时代的真实性是，人们可以通过自己的渠道获得产品的信息，而且会在很短的时间内对自己的体验做出判断，最关键的还有一点，人们的体验已经不是个人行为，通过手机终端的平台，人们的体验已经交织成一种滚滚洪流影响着人们对产品的选择。现在，即便是专业工程师的手机里都会有N个专业的微信群、QQ群，即时的传达他们对某些产品的感知感受，甚至把相应的图片传上去。

所以，即便是营销，也是通过这些新的渠道去输入供应商的信息，更重要的是，必须让产品自己去说话，而不是人。

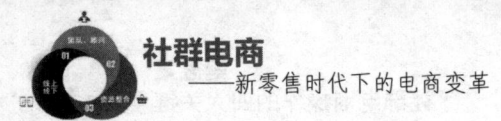

寻找和培养意见领袖

什么是意见领袖呢？就是在团队中构成信息和影响的重要来源，并能左右多数人态度倾向的少数人。尽管不一定是团体正式领袖，但其往往消息灵通、精通时事；或足智多谋，在某方面有出色才干；或有一定人际关系能力而获得大家认可，从而成为群众或公众的意见领袖。在消费行为学中，特指为他人过滤、解释或提供信息的人，这种人因为持续关注程度高而对某类产品或服务有更多的知识和经验。家庭成员、朋友或媒体、虚拟社区消息灵通的权威人士常常能充当意见领袖。

社群营销中的意见领袖（所谓群主、博主等）能够迅速地和群员们建立信任和传递价值，社群营销讲究极致思维，有了意见领袖，产品或服务能够迅速地传播到社群中，并且能够和群员们保持沟通互动，群员的意见也能够通过社群反馈到企业。社群营销非常看重口碑，如果产品或服务群员感觉好，那么通过口碑相传，容易扩散，能量巨大；相反，口碑不好，产品或服务就很难在社圈中发展起来。

对于社群来说，社群意见领袖是什么？

他是精神象征——所有成员都以他为努力的目标；

他是动力象征——凭借自己的影响力，不断向社群输出价值观；

他是榜样象征——一举一动都会引起社群话题,并激发社群成员进行思考。

在社群电商中,意见领袖是一个非常重要的角色。在大多数人的观念中,意见领袖一般是威望比较高、有一定影响力的人,知识丰富、主见性强、性格开朗、善于社交。然而在社群电商中,只要思维清晰,有创新,能够分享自己的经验知识,获得社群成员的注意力,那么他就是某一话题的意见领袖。事实上,在社群运营过程中,往往在意见领袖的带动下,社群才有活力,群内才比较活跃。

通常来说,塔尖的社群领袖,一般是现实中有资源、有影响力的人物,这些社群领袖,会不时发表一些深度的、具有感染力的话题。并且可以帮助其他粉丝解决内心的疑惑,用自己的影响力改变其他人的三观。如罗永浩,他既是锤子手机的创始人,另外也是一个社群中的领袖和灵魂人物,用自己独特的风格影响整个社群的气质。甚至我们看到很多欣赏和追随领袖的社群成员,如果遇到别人发不好的言论对社群提出不同意见的时候,作为粉丝也能够替领袖说话,反驳别人。大部分追随意见领袖的人,他们往往标榜和意见领袖一样的行事风格和价值观。从而实现了一个社群都是三观一致的人,这样,社群文化还会得到进一步加强。意见领袖能够带动社群的气氛,增强社群成员之间的联系,同时能够引导社群舆论导向,在社群里无论是引入意见领袖还是培养意见领袖都有至关重要的作用。

社群活跃不能光靠运营者去带动,当社群规模不断扩大,运营压力也会越来越大。有效引导社群意见领袖去参与运营,不但节省运营成本,还能增强

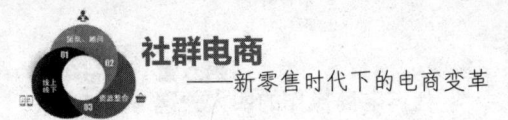

用户的归属感。社群的发展裂变、分舵的设立、活动的宣传都需要意见领袖的支持,甚至日常的一些运营也需要支持。

一般来说,微信群里要有占成员数量10%左右的意见领袖,他们是真正的群灵魂人物,而其余90%的成员通常需要依靠这10%意见领袖的带动,才能保障整个群的气氛活跃,彰显群的价值。这些意见领袖就是微信群的红人,可以帮助群主维持群的活跃度,一旦失去这些红人,微信群就会迅速沉寂下来。通常情况下,群里的红人有固定的追随者和崇拜者,有一定的影响力,可以影响很多群成员的态度。

很多人做社群运营,都是设计各种社群规则,希望把所有成员的行为纳入到规范里。事实上,在社群运营里面,最核心的是社群领袖的运营。运营社群,就是在运营这些节点用户,其他用户可以被这些节点用户以点带面覆盖到。核心用户的意见具有传播力及影响力,通常情况下,他能代表社群的整体诉求。服务好一个社群领袖,可以影响到100个甚至更多的社群成员。

在一个社群中,关键意见领袖的力量,可谓是一呼百应。2016年8月9日,汪峰新款FIIL Diva耳机在京东首发上线后,不到48小时众筹超1000万元,促成此次众筹成功的关键因素,是汪峰背后庞大的粉丝群,加之该耳机精准把握住了音乐爱好者的使用心理,在技术和功能上都精益求精,满足了很多高端人群和"发烧友"的实际需求,得到筹客们的欢迎和追捧自然是水到渠成。社群的力量不容忽视,其中蕴含着巨大的商业潜力。随着移动互联网时代的推进,社群载体大大多元化,微信、微博、QQ群及各种基于社交的服务客户端,将会发挥越来越大的作用,为社群营销提供多元化的载体。

所以，意见领袖就是社群的主心骨，商家在运营社群的过程中一定要充分调动意见领袖的积极性，发挥他们的作用。在实际操作中，要让他们明白自己在社群电商中是一个服务社群成员的角色，绝对不是管理者，切忌出现"一言堂"。

如何寻找和培养意见领袖呢？

一、通过口碑或名人效应塑造影响力

用较为知名的意见领袖塑造影响力。一般通过名人专栏、微博、微信等渠道吸引粉丝，同时也会在关键时刻发声，塑造口碑。例如，在游戏娱乐领域，有影响力的解说员会在专门的平台网站上直播精彩的游戏解说视频，大神级的游戏操作、富有磁性的解说声音、令人瞠目结舌的游戏作战策略吸引了无数追随者，有些出色的解说员年薪可以达到千万元。在专栏中，意见领袖会做垂直领域的作品或观点创作，从而成为其获得稳定流量来源的端口。

另外，微信作为当下应用最为广泛的社交工具，也成为意见领袖获取影响力的工具。罗辑思维自媒体节目，推出的公众号吸引了好几百万的粉丝一起爱智求真，每天早上60秒语音也准时与大家见面，而该节目的主持人也自然成为了这么多粉丝的意见领袖。

二、打造个人形象

一个社群中的意见领袖不一定很能说话，但说出来的话往往能够服众。同时，作为意见领袖往往需要具备自信的一面。自信的态度很容易让你在竞争中脱颖而出，如在开会时，当其他人都默不作声的时候，自信地表达自己的想法和意见特别容易受到别人的支持和附和。当然，自信需要把握好一定的度，过于自信会显得你很傲慢。适度的自信应该延伸到你和别人的所有的互动中，无论你是领导、下属还是和同级别的同事交谈，也不论谈话的形式如何。自信是一种培养权威声誉并获得影响力的方法。想要当好意见领袖本身要具备对事物的理解和自己独到的见解，既做到不人云亦云，又要能够调停群里的其他反对意见。

三、提升公信力

意见领袖在特定领域中具有一定的社会影响力，一言一行往往会受到许多人关注，因而无论发出什么声音、采取什么行动，都要考虑对自己的观众负责，否则会造成一定负面影响，不仅对自己的影响力有影响，还会伤害关注自己的人。意见领袖的言行是释放信号的途径，应对为之产生的结果负责，这是一个合格的意见领袖的必修课。

一个社群中，角色分为内容创造者、评论者、搜集者、参与者、围观者、不活跃分子。他们各自的诉求不一，且相互影响和转换。在社群运营时，必须对症下药。如为搜集者提供有价值的干货知识；为评论者提供可以评论的话题；为围观者创造看热闹的场面；为创造者提供思考的资源和灵感。但这些成员中，最核心的莫过于社群的意见领袖，即活跃的灵魂人物。他可能兼任思考者、组织者多重身份。如果一个群有两三个这样的意见领袖，能激活其他成员，且能碰撞出很多有深度的内容火花。这也是社交媒体具有天然渠道的魅力，它集合了一群有温度有情怀的人，它连接的是"人性"，输出的是"价值观"。

尽心尽力地"玩"

假如一个朋友邀请你去玩一个陌生的游戏,你第一句会问他什么?估计十有八九的人,第一个反应都会是,这个游戏怎么玩?同理,当一个人进入到一个社群之后,第一个反应会是,要干嘛?而最好的让群成员在第一时间知道要干嘛的办法就是,告诉他群规则。

一个社群说到底还是一个以人为本的地方,一切需求都是以人为出发点。而害怕孤独大概是人性最常见的弱点吧,一个社群死气沉沉的就像一个只有一个人的家,毫无温度可言。谁不想多点人气热闹些?增强社群参与感可以提升社群活跃度。

如果一个社群里我们只听从一个人的,没有自己的想法,那就不是真正意义上的社群了。真正的社群本来就应该是人人都参与进来、人人平等的,而能约束人的只有大家都一致认可的规则。

以前人们玩社群玩的是好奇,因为社群在当时还未形成规范,大家还对这些未知的东西充满好奇,但随着大量社群的产生,大家玩社群的经验越来越丰富。现在人们玩社群就是玩圈子,对成员们之间的价值观是否趋同的要求更高了,只有建立好游戏规则,才能助你迅速建立你的圈子。

建立了游戏规则的社群圈子还要具备一些"玩"的性质,这个"玩"就是用户的参与感。一个好的社群营销需要具备较强的参与感,所谓的参与感即为互动。那么社群营销什么时候互动、怎么互动、和谁互动,这些都需要对这个社群的粉丝进行巧妙的策划设计。配合社群主题的定位、有趣的工具应用、裂变的活动让社群粉丝自主参与进来，并积极完成分享。水至清则无鱼，群不活则无用，因此社群的参与感需要给每一个粉丝玩的满足性。

因为人都是"自私"的，想要自己过得更好。那我们对关乎自身利益的事的关心程度自然会大于其他事情！而我们所说的"参与感"就是让用户（社群成员）把产品（社群）当作自己的事来对待。让他们参与到部分环节中来，让他们快速产生归属感。

产生了归属感以后还要做到真正把社群"玩起来"。这里说的玩不是说真正意义上的玩、随意玩耍、无所事事等，而是要以"玩"的心态来做社群电商，不要将推广、销售天天挂在嘴边。而要营造一个比较轻松的交流平台，用最低的成本将一帮有价值的人聚集在一起，一起探讨交流有价值的内容，在玩的过程中来实现产品的销售。

在早期的商业社群玩法中，小米社群算是最初社群的创始者，从最初的粉丝运营到社群运营，都给了后来者很好的教科书式的启发。其以"为发烧而生"的理念充分调动了米粉们的情怀，让粉丝充分参与产品研发的整个过程，提出建议并收获产品真正改进的荣誉感，这群人后来也顺其自然地成为品牌销量与传播"负责"的忠诚用户。小米定期举办的各种线下大型体验活动，不仅在促进社群活跃程度，回馈粉丝，也是在进行一波又一波的销售促销，此模式创造了很多营销与销售奇迹。

罗辑思维社群也是以"玩"把拥有相同兴趣的人聚在一起，形成了知识分子社群。如线下会不定期组织相亲会、带队采茶、吃"霸王餐"、游斐济等活动；并且自建了线上商城，其入口嫁接在罗辑思维的公众账号上。商城内售卖的包括培训课程（如葡萄酒培训）、书籍以及一些设计师的原创作品。这些都是运营者在花时间"玩社群"。

罗振宇经常调侃"自媒体是要等包养的"，换言之，就是说微信公众平台

第五章
社群电商操作的四大关键

需要取悦用户,让他们真正喜欢你甚至离不开你。但这些人怎么找呢?一是你的自媒体性质和定位决定了你的受众面,比如,罗辑思维标榜"有种、有趣、有料",吸引的是80后、90后为主的青年白领群体。二是对接一些行业组织,如户外俱乐部、旅行社协会,形成"一带多"的规模效应。集齐"有心人",便可召唤无穷的营销力量。

单靠线上的信息推送未免过于单薄,不足以形成坚不可摧的粉丝黏性,必须有线下活动的支撑,虚实结合、两线互动才能培养出铁杆粉丝。如罗辑思维不定期举办各种沙龙、社交、旅游、考察等活动,吸引了大批会员参与,培养了大批"罗粉"。当然,并不是所有的线下活动都能达到与罗辑思维一样的效果。线下活动必须综合考量社群的性质、粉丝的关注点等多方面因素,否则可能事倍功半。

我们看小米是如何玩转社区的:

2018年3月29日,小米科技在北京召开新闻发布会,发布了小米生态链全新品牌——米家,米家是小米智能家庭的简称,用雷军自己的说法,就是希望把生活中点点滴滴平凡的东西,做成艺术品。负责"生态链"的小米联合创始人刘德表示,米家成立后,米家产品的品类会扩大范围,如净水器、空气净化器、耳机、电饭煲、自行车、插线板……从诚品到诚品生活,从小米到米家,从罗辑思维到得到,同样的演进轨迹,一次次的重演,都是用一款高配低价的爆品打天下,当该产品赢得市场认可成为品牌后,然后针对品牌吸聚来的粉丝,搭建新的平台品牌,围绕这群人个性化、多元化的需求,满足他们重新定义生活态度的诉求。到此我们就很好地理解"社群不是卖货的渠道,而是搭建平台的载体"这句话的含义。同样是卖货,人家是为了吸粉成群,建平台,这就是会玩。

做社群,既是玩精神,也要带着一种"玩"的精神,这样才能让社群持续活下去。

第六章 社群电商运营的要点

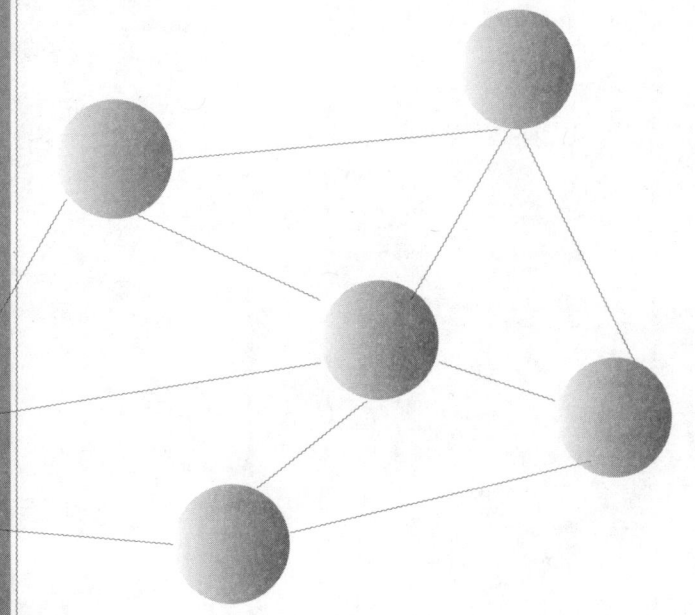

用 5W1H 定位运营目标

很多人运营社群的目的是很明确的，就是为了变现。当然这是没有争议的，但变现的途径有很多。只有前期有了明确的运营目标，做好社群的整体定位，才能有后面的顺利变现，否则社群存活都是一个问题。

这是做任何一件事情之前都应该考虑的事情，但是我发现很多人都会在微信上问我一些问题：推拉，怎么做微商啊？怎么做社群啊？

大多数人都在考虑怎么做的事情，之所以会这么问，是因为他内心是懵懂的，没有头绪，归根结底是他还没搞清楚为什么要做，不知道他想要做的事是一件什么事情，所以我建议，如果当你遇到一件从没做过的事情，首先问自己三个问题：

（1）希望自己实现什么目标；

（2）希望为我的目标对象实现什么目标；

（3）这件事值不值得做。

最后，最关键的问题是：为了实现这些目标我该怎么做。

在定位社群之前要问自己几个问题：

（1）你的社群能给别人带来怎样的情感需要，如何让他们乐意参与并持续关注？

（2）你给别人分享了什么有价值的东西，让他们渴望再来，不断参与？

(3)你给别人怎样的利益回报,让他们不觉得这是在浪费时间,并且积极配合。

5W1H 就是对社群运营的精准定位,具体指:Why(为什么建立社群)、What(社群带来什么价值)、Where(在哪里建社群)、Who(社群里都有谁)、When(什么时候开始建)、How(如何做)。

一、Why——为什么建社群

建社群的初始目标无非有这么几个:

销售产品(如微商卖产品、卖服务、卖会员,都在这个范围);

提供服务(如微课在线分享知识、企业提供咨询服务在线答疑,都属于提供服务);

拓展人脉(基于兴趣或行业圈子构建自己的人脉圈,拓展社交圈子,建立人脉,如正和岛就是这种定位);

聚集兴趣(比如,有读书社群、学习社群、运动社群、艺术社群、修行社群等,构建一个爱好相同者的小圈子,聚集一群相同价值的爱好者,一起成长);

打造品牌(一般比较知名的电子产品,如数码相机、手机发烧友等组织成的社群,有共同话题,对同一个产品关注度高,需要有品牌沉淀才有后续的社群);

扩大影响力(利用群的模式快速裂变复制,通过线上和线下的活动,获得联结人的影响力,扩大影响力)。

二、What——社群带来什么价值

有了建立社群的目标之外,第二步要考虑的是这个社群能给成员带来哪些价值。如让更多的人了解产品、提供某种爱好的交流机会、聚集某个圈子的精英影响更多人、做某个群体的情感聚集地、等等。真正能够长久活下来的社群，不用特别维持还能很活跃的，一般都是建立在输出社群价值的基础上。一个群有了互惠互利的关系，其长久连接的价值自然就显现出来。

三、Where——在哪里建社群

建社群的地方有很多，社群的运营平台可以是微信群，也可以是QQ群、论坛等，具体哪一种社群运营载体符合自己，要根据自己社群的定位和玩法来确定。另外值得注意的一点是，在哪里建群不是自己说了算，要从用户习惯角度去选择和分析。如果你的用户是00后，你的平台就应该是QQ，孩子们都青睐QQ，成人往往喜欢微信。如果你的用户是为了学习，那么一些学习型的论坛是更好的选择。总之，在哪里建社群，第一，要根据自己的需要；第二，要看用户的需求。

四、Who——社群里都有谁

一个优秀的社群，群员应该包括创建者、管理者、参与者、开拓者、分化者、合作者和付费者。

创建者：要有一定的威信和号召力，并且在某个领域有影响力，能够号召和吸引一定的人群参与。并且具备沟通能力，没有攻击性，又特别擅长连接人。

管理者：要有良好的自我管理能力，以身作则，遵守群规，有责任心和耐心，能够顾全大局，照顾并解决所有群员的情绪和问题，做到公平公正。要能够培养核心小伙伴，组建一个核心的管理团队。

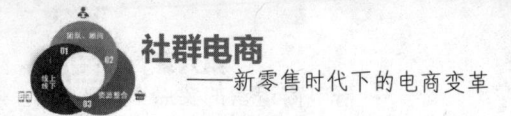

参与者：所谓参与者就是平时要善于参与，积极发言，往往这类人是牛人、幽默感十足的人，能够带动群里的整体气氛。

开拓者：开拓者在一个群里是要担当重任的人，能谈判、善交流，在不同的平台对社群进行宣传与扩散，而且要加入不同的群谈成各种合作。

分化者：这类成员学习能力强，能够深刻理解社群文化，参与过社群的构建，熟悉所有细节。分化者是未来大规模社群复制时的超级种子用户，是复制社群规模的基础。

合作者：他们认同社群，有比较匹配的资源。也可以用于社群与社群之间的资源互换，能与其他社群相互分享，共同提升影响力，或者能够进行跨界合作，产生互利。

付费者：无论什么样的社群，其运营和维护都是需要成本的，所以社群一定要有给予经济来源的付费者。付费的原因可以是购买相关产品、社群协作的产出、基于某种原因的赞助等。

五、When——什么时候开始建

任何一个社群无论做得好与不好，都是需要周期的。一个社群的建立，最初群员都很激动和兴奋，但随着群里的不断发展，什么人都有，很多人就开始出现退群的现象。大部分群走完整个生命周期模型长则半年，短的甚至只有几天。即使是运营得非常好的群，生命周期也就是两年左右。一般一个周期两年的群早已完成商业价值的转换。即使是死忠品牌粉，产品也会不断升级换代，从商业讲，该挖掘的商业价值也挖掘得差不多了；继续维护，成本会超过回报。所以，建群开始的时候要注意两点：一是不要过度投入，群走到生命周期尾声时，不骚扰别人就是美德；二是要设计一个在群生命周期结束前就能完成销售的产品。

六、How——如何做，才能变现

社群最核心的输出价值就是变现，一种是对内，一种是对外。对内主要是从社群内部获得经济回报，这个一般拼的是规模。对外模式不是想着向群成员收钱、将社群成员当成被榨取的目标，而是组织社群群员一起共同创造出无穷的价值，利用这种价值换取回报。常见的变现途径有卖产品，第一是先有了产品的凝聚，才有社群的壮大，如罗辑思维。第二是会员式，会员既是门槛，也是变现渠道，是大多运作得好的社群常见的变现方式。这也是大部分兴趣群、理念社群的变现形式。第三是电商式。这种模式最关键的当然是引入或者生产高复购率的优质产品，如果产品口碑不好，对社群运营来说都是在做无用功。第四是流量式，社群流量大了以后可以收广告费。第五是服务式，把成员聚在一起是为了给用户提供更好的服务，这也是大部分企业做社群的目的，这种模式一般用于企业长期的品牌行为，不需要在短期内直接带动销售。如果能花时间和精力来维系好品牌社群，就已经具有了核心竞争力。

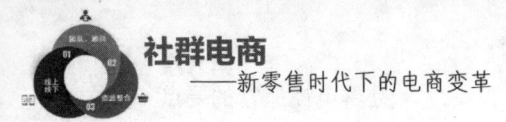

社群电商的运营法则

有人说社群电商运营不难,有的说社群电商运营很难。一家专门做社群培训的公司,建立了一套方法论,一年时间,付费会员从0增长到上万,效果相当不错。但是当他们把自己的方法论交给下面的会员时,会员怎么也学不会,裂变课、群内答疑、线下课变着花样地教你,讲的全是干货,但就是很多人都学不会。主要原因还是没有意识到用户运营和社群电商的区别,用户运营吸粉门槛儿低,但活跃用户门槛儿高;社群电商建群门槛儿低,但后期的发展能力门槛儿高。

所以,想要把社群电商经营得好,要学会运营法则,我们需要从哪些方面入手呢?

一、对社群进行垂直定位

所谓的垂直定位简单来说就是聚焦在一个垂直领域,比如母婴社群、艺术社群、律师社群、设计社群、某品牌手机用户社群……大部分人建立社群是可以从自己、团队的某个爱好或擅长领域入手,这样,目标人群相对比较清晰,运营起来可能更易上手。在大方向准确的情况下,社群越垂直,用户的归宿感越强。这种归宿感是由人们的消费心理决定的,人的需求无非是物质需求和精神需求两个方面。物质导向的初级产品资源型社群,靠实实在在的优质产品资源去服务你的会员，会员花少量的钱，买到优质的产品，自然归属感加强；精神文化导向的高级知识型社群，依靠意见领袖或团队输入输出高价值的技能知识或经验分享为主，"站在巨人的肩膀上"，你看得更高，走得更远，赚得更多。

二、搭建社群框架

社群价值体系架构，主要是指社群能输出的价值内容，是具体的资源产品，还是实操知识干货、实战经验分享。同时，也是社群的核心价值，其中价值观的输出更加重要，只要你的内容持续有价值，赚钱就是顺带脚的事儿。社群管理架构强调的是整个社群意见领袖的知识体系，这将是整个社群体系的支柱，团队成员对体系内容的理解和配合的默契程度，直接决定了体系基因。会员架构就是为了更好地服务社群成员，由二八原则决定的，一个小圈子必有20%积极会员带动社群的整体氛围，并感染剩余80%的会员。

三、社群建立的不同时期对粉丝的不同需求

社群在前期推广阶段要注重吸收精准度和忠诚度高的粉丝，这样的粉丝竞争力才会强，才有可能帮助社群不断地扩大粉丝基数。假如社群早期就能够吸引到这样的粉丝，那再好不过了，对社群的建设和知名度提升都会有很大的帮助。比如，早期的小米手机最基础的粉丝只有100人，小米通过不断地和这些粉丝互动交流，这些粉丝对于小米手机的设计发展起到了很关键的作用，慢慢地通过粉丝口碑来扩充粉丝基数。

社群发展期，要提升粉丝好的口碑。一个有好的体验感的社群自然会获得一个好的口碑。如果粉丝能够在社群中持续性地获取自己想要的服务，那

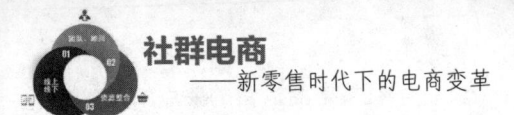

么他自然就会留存下来。所以,在提升用户口碑上,企业商家要提前布局和规划,但是始终要坚持一点:那就是持续性地向社群输入有价值的内容和服务。

社群成熟期,要不间断地去维护社群。当社群有了粉丝的忠诚度又有了良好的口碑效应,这个时候就是要投入精力去打造知名度了。企业商家可以借助各种渠道方式来打造知名度。通过知名度来吸纳更多的粉丝加入,对社群的发展将会进一步助推。实际上,当社群知名度起来后,社群的工作重心应该是做好社群维护工作,让社群持续性地释放自身价值。如果一个社群有了知名度而不重视维护,一旦出现纰漏,那么社群的形象就会受到影响,不但会失去原有的粉丝群体,而且对社群的发展也会产生非常不利的影响。

四、对产品进行场景化塑造

进群的人,要么是来获取商机,要么是来学点东西或者是冲着某个赚钱的产品和项目。简单地说,就是这个群对成员有什么价值。我还是认为,社群需要有一个产品或者项目,否则,哪有那么多时间瞎扯,围绕产品和项目来进行内容的输出。最大痛点无非就是要通过社群怎么变现的问题。要想变现,离不开产品,好产品是场景下的产品,没有绝对的刚需,只有场景下的刚需。要选择从最容易突破的场景入手,解决转化问题。很多品类和产品因为不能被大众认知,所以普通的渠道和销售方式基本无效。从场景切入就是一个非常好的方式,在某个场景之下,消费者就不会把价格和品牌等作为首要标准,而是把某种氛围、价值、荣誉、面子、认同作为标准。这时候,只要体验不错,就会产生转化。社群不能太大,小而美更易控制运营成本。一个社群最主要的人不是群主或KOL,而是一批有正能量、正思维、有思想格局的用户彼此之间融合、参与、付出。这样才能让一个社群变得更具活力，更有生命力，也更有持久性；才能产生体现出社群的文化价值。好的社群是靠成员彼此之间提升势能，放大能量，而不是简单地靠圈人。可以是定期专业语音分享，也可以是高质量的文章，也可以组织线上或线下活动，要把产品形成组合和生态化形势。

五、通过种子用户转化和裂变

通过前期的探索，种子用户的获取，内容输出和运营，社群已经有了基础的流量和活跃度，但需要快速地复制和裂变。要从种子用户中找B端客户，通过服务、赋能提供系统化工具和方法，快速将流量进行转化，以存量获得更多的增量，这就是复制和裂变。简单地说就是用系统促进对B端的赋能，并通过B端服务C端，进行裂变。从B端开始最优，也是最有效的方式。让有资源的人去行动，更加精准，效率更高，你会发现互联网社群和社交的裂变，超乎你想象。但要求运营团队的素质更高，要非常精通互联网技术和社群运营才行。

社群运营是对自循环模式的纠正，去改善、提升、留存和迭代。运营是一个数据的生态系统，要专注用户习惯的培养。一方面，人的行为习惯一直在改变，淘宝从10年前假货盛行时的新闻漫天遍野，到现在支付宝的扫码支付让现金和刷卡变成不是必需的，撬动的是整个社区电商和微信走向越来越大众化的道路。另一方面，用户习惯需要慢慢培养，做活动一定要把一个活动做精了，因为站在粉丝的角度上，活动也是需要学习的，只有持续做，用户养成了习惯，才能形成传播。

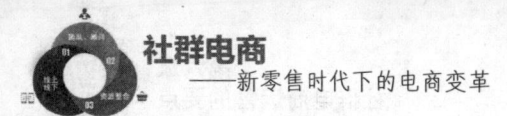

运营进化趋势

我们从运营本身谈起，它是一个很年轻的职位，回看十年前，站长、编辑、群主，这么一帮互联网人从刀耕火种的互联网蛮荒时代走来，借用一些市场营销、数据分析、文案创意的知识，凭空造出了互联网铁三角（产品、研发、运营）。

随着社群电商的发展，运营还在不断进化。从最初的传统零售，像大卖场、沃尔玛、家乐福、大润发，到线上电商，到后来的O2O 2.0，再到现在融合进化的新物种的出现，像盒马、超级物种等，运营在不断发展，不断随着经济的发展自我适应和调整。传统电商 + 网红效应，促进社群电商崛起，传统电商和社群协作在互联网的助推下，衍生出的"社交电商"新模式已经成为风口。

社交电商这么火，尽管业界褒贬不一，但处在风口浪尖的拼多多赴美成功上市，已然发展成为社交电商行业的领头羊。一句话，平台的价值在于稀释，碎片零售在于崛起。所以，社交电商的爆发是有历史背景的，是有中国特色的社会主义社交电商。

社群经营的基础是粉丝，粉丝是对品牌充满感情的铁杆儿用户，粉丝的消费行为也是基于对品牌的感情基础。苹果的商业模式就是在果粉基础上经营的粉丝经济，传奇的小米科技也是基于米粉对品牌的情感认同而建立的品牌，罗永浩的锤子手机，其目标用户是老罗的粉丝群体。社群经济就是这样的模式，先通过社群定位好目标用户，再通过对用户需求的研究生产相应的产品，最大程度地保证产品属性与用户需求相统一，而不是按照产品去定义用户。

那么，运营的进化趋势体现在哪些方面呢？

一、技术的革新

现在很多创业公司，创业项目都是靠技术和资本驱动，通过融资、补贴，通过数据分析等技术，来驱动整个商业模式的进化。目前，正在被运用的一些零售技术有：人工智能、云分析、计算机视觉、支付、传感器、计算机算法等。

国内有研究机构针对某品牌服装门店展开了调查，去了解商场环境对消费者购物行为的影响。这份调查中提到了灯光、色彩、陈列等重要维度。华为的门店智能管理系统就充分考虑到了这一系列的因素，它能根据天气、门店客流、时段等，对馆内的温度、湿度、亮度以及光照效果等进行智能调节，让消费者实时处于最佳的购物体验环境中。华为内部一直有这样一种说法，"自己造的降落伞自己跳"。通过对自己的业务实施数字化改造，把所有的风险和困难都经历一遍，以便后续为客户提供更好的价值服务。

在今天，智慧零售革命是重塑了人与货场的连接，让一切都变得可预测了。新零售将大数据、人工智能等先进技术手段全部融入其中，对商品的生产、流通与销售过程进行升级改造，进而重塑业态结构与生态圈。

二、消费趋势和消费群体的变化

近年来，随着90后、00后这两大新的消费群体不断崛起，他们占据直销行业消费的比重也越来越大。为吸引和巩固年轻消费群体，很多企业开始在产品开发、营销方式等方面发力，以满足更多年轻人的需求。行业专家分析认为，在90后、00后新消费方式的冲击下，企业普遍面临适应性阵痛，在新零售时代，需要用新的概念去拥抱千禧一代。这些新的消费者特征是：消费群体变得越来越年轻、教育程度越来越高、越来越有经济实力、变得越来越有时间去消费。对移动工具的依赖越来越严重，让消费越来越碎片化，消费可以在任何时间和空间发生。对价值越来越敏感，现在的消费者更关注购买的东西到底值不值，而对于价格敏感程度有所下降。渠道越来越分散，现在购买可以通过各种各样的渠道，如你在阅读资讯时，有一个链接就可以去买东西（例如，小红书、淘宝头条等）。

现在的消费在升级的过程中，也伴随着消费分级。在中国发展不平衡的大环境下，对于不同消费群体其消费升级的跨度是不一样的。如对于日常使用的纸巾来说，有的消费者从购买卷纸升级转向购买抽纸，但是也有其他层级的消费已经在追求更高品质的纸巾，这都是升级，只是所在的起点不同。

互联网时代个体开始崛起，用户需求变得多元，呈现出长尾趋势，消费升级促使更多的消费者开始追求商品的附加值。品质、审美，甚至人格认同，都已成为消费的动因，越来越多的人购买一个商品或服务，是出于喜爱而并非需要。消费更加注重个性化、情感化和社交化的需求，随着消费动机的改变，"冷冰冰"的标准化的产品将逐步被"有温度"的定制化的"非准"产品所替代。消费倡导"要把时间浪费在美好的事物上"，正如吴伯凡老师所说"同样是茶，用户不再为柴米油盐酱醋茶的'茶'付钱，他会为了琴棋书画诗酒茶的

'茶'而付钱"。

三、流量获取方式的改变

在传统零售行业，流量就是位置和客流量，所以我们可以看到麦当劳、肯德基基本上是占据市中心十字街角的黄金位置，这个位置是人群客流量最大的位置。后来到电商时代，我们都可以看见每一个网页上都会有一个搜索框，通过搜索框来带流量。到后面通过内容来带流量，比如淘宝直播、小红书等，通过明星、网红内容来带流量。另外就是通过社交的渠道，无论是拼多多，还是微信小程序，其实更多的是基于现在的社交去运营好这些碎片化的流量，确认你们的关系，通过社交裂变去获取用户信息。比如，品牌商家可以通过和"数据银行"合作，将线下数据导入到线上，建立"品牌/行业私有数据银行"，构建一套新的标签体系，如母婴行业的孕产、宝宝年龄、品牌用户等标签，帮助品牌更好地认知洞察母婴细分人群，以及消费者在认知—兴趣—购买—忠诚的全链路上的状态和变化，并了解不同阶段母婴人群与品牌的关系。

四、消费场景的变化

现在有很多技术在运用，如一个冰箱，这个冰箱其实可以和你父母的手机、你的手机连接在一起，你可以在高铁上通过你的手机看见这个冰箱里有什么东西、缺什么东西，然后就可以即时地在网上下单购买。产品本身就是场景。像盒马本身就是围绕"吃"来做的，超市+餐饮的结合。以前我们更多的是做品类，现在更多的是围绕场景来扩展自己的商业模型和决策。这是一个开超市和卖场等都需要去做的设计图，去规划和设计消费者进店以后怎么走。现在小型的店铺，在选择商品陈列的时候，他会把畅销品或者把卖得好的产品就

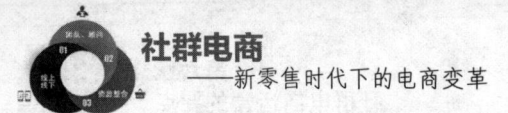

放在店门口,大家拿完就走,顾客不用在里面转一圈从而节省了时间。而以前的设计是卖得好的,越是大家需要的东西越藏在里边,因为他认为你在这里转一圈,可能会带来一些销售机会,但现在不是这样了。

社群电商运营基本手段——情景营销

营销要刺激消费者产生购买欲望,通常需要匹配相应的情景,否则消费者不能触景生情,或者触情而动,那么这种营销行为就是失败的,变成粗暴的广告推送,跟电线杆上的小广告是一个效果。

所谓情景营销,就是在销售过程中,运用生动形象的语言给顾客描绘一幅使用产品后带来的美好景象,激起顾客的向往,并有效刺激顾客购买欲望。情景营销是以心灵的对话和生活情景的体验来达到营销的目的。

情景营销的基本的假设是,消费者在其日常生活中的某个"相似的瞬间",更容易接受相同的宣传,而无关其年龄、性别、收入等。这和传统的市场理论相抵触。生活中的"相似的瞬间"是指在相似的场所——如炎热夏天的地铁,或是在音乐商店、在机场等无聊时间。

由于技术所限,从前的营销只能通过电视广告、终端活动来进行,近年来随着互联网技术的发展和移动终端的普及,移动互联网可以和任意的广告屏幕、终端相连接,使消费者可以随时随地捕获营销情景。

很多人把情景营销与传统的户外广告混为一谈,事实上这二者之间是相通但绝不相同的关系。随着信息时代与新媒体环境的迅速发展,现如今的"情景营销"承载了更多的新内容与力量。

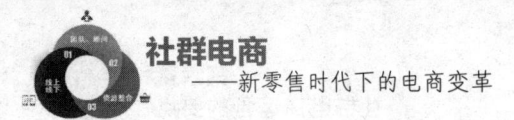

时代在改变，人们的消费观也在逐渐改变，价格消费时代正在逐步向价值消费时代转型；如今吸引消费者已经不能单纯地依靠低价促销，还需要有自身的特色亮点才能吸引更多的消费者。新零售变革下，给消费者提供新颖、便捷的购物场景是一种不错的引流方式。

广告形式多种多样，五花八门的广告的狂轰滥炸让受众对广告的免疫力越来越高，越来越难被说服，直接忽略或者拒绝成为目前大多数受众对待广告的一贯做法。同时，移动互联网的飞速发展，媒介呈现多元化，媒体环境也更加复杂，广告主的需求也在变化。传递品牌信息仅是众多诉求中的小部分，目前他们希望品牌广告能更容易被受众接受，而不是直接忽略，通过更好的广告创意、技术手段与消费者进行深层沟通，实现情感共鸣。"打动"受众，实现受众和品牌之间有效的沟通成为众多营销人迫切需要解决的痛点。

随着生活水平的不断提升和购物体验的不同升级，我们观察到消费者和零售商五大关键需求：

（1）按个人的想法购物：消费者将更多的消费从传统零售转向新的渠道，因为零售商争相提供新的选择并重塑自己的物业。

（2）让生活更美好：购物者将更加重视品牌商和技术公司提高生活质量的服务。

（3）给个人更好的体验：零售商和技术公司将提供新类型的互动、奖励和经验。

（4）技术与零售的应用及合作：快速的行业变革将促使零售商与技术巨头、物流技术供应商和大 V 进行合作。

（5）更快捷：零售商将利用多元化技术，使其供应链变得更加智能，从而适合更具竞争力的市场。

情景营销对产品和品牌有着较高的要求，品牌要打破过去单纯只是"覆盖"和"触达"的流量思维，而要思考如何通过价值主张与情景的融合，让品牌获得消费者发自内心的认同，去真正"打动"消费者。

我们以江小白为例：

江小白CEO陶石泉说："产品出来了，剧本就来了，剧本来了，IP就来了！"似乎这就是社会化营销的精髓！

江小白利用人性的弱点，把产品—用户—场景联合起来，做了江小白式的"我有一瓶酒，有话对你说"表达瓶，让那些在喧闹城市中的人，内心的孤独、急于向上的焦虑、强烈的自我表达欲望，以江小白为媒介，成为人发泄、倾诉的最好载体。

在江小白津津乐道的营销中，有两点值得我们在现代化营销中学习。

（1）产品自身的沟通力，基于消费场景、基于消费者产品能产生互动。

（2）产品自带社交属性。没有热点，自己就是热点。自己能制造话题，自带话题流量，引发大众的自我转发。

优秀的情景营销，将生硬的产品转化为一种服务从而获取潜在用户的认可，能从触觉和视觉带给顾客一种美的体验：心仪的物品在指尖的触碰下变得亲切；你即将拥有的商品在由模特来帮您试用，自己使用时的场景仿佛就在眼前。没有什么比实物和情景体验更能吸引消费者的了，因为直观的表现更能刺激消费者的感官，在一个主题的氛围下，消费者通过看、听、嗅，与产品进行零距离接触，质地、重量、色彩尽在掌握之中。也就是说，产品感性化的差异点是真实可感的，甚至省去了想象的过程，人们可以直接进入到使用产品的情景中去，进而引发消费共鸣。最重要的是，它也能帮助消费者更好地了解到产品的功能甚至背后的文化，从而做出明智的消费决策，让购物的过程更加称心、舒心。这就是现代营销中所突出的"品牌情感共鸣效应"，良好的品牌口碑和美誉度，就在这样不经意间悄然形成，并传播展开。

比如，我们看阿里巴巴是如何打造情景+场景营销的：

阿里巴巴的"无人商店TAOCAFE"就给消费者提供了"即买即走"的购物环境，消费者进店前通过"支付宝实名认证"识别，进店后店内商品货架与普通实体店没什么两样，但唯一不同的是店内没有收银台，消费者选好商品后就可以带着东西直接离店而去。对于普通实体店来说，这是很神奇的一幕，那么支付环节是如何进行的呢？其实在无人商店出口处有电子扫描隧道，当消费者穿过这条隧道时，智能扫描系统就能识别出消费者的支付宝身份和选购的商品，然后连接到支付宝完成付款。

在这样的购物场景下，消费者不用再排长队等候结账，节省了不少时间。很多人在选购时可能不会在意时间长短，但在结账时看到漫漫长队，购物时的愉快心情会急转直下，虽然不想等待却又迫不得已，遇到有急事或急性子的消费者，可能会放弃选好的商品，空手离去，这就导致在最后环节上造成消费者流失，前功尽弃。而无人商店在这方面为消费者省去了排队等候的时间，给消费者提供了便利，也提高了店铺的效率，更能吸引消费者进店消费。

除无人商超的场景外，AR试妆、虚拟试衣镜、VR互动场景等智慧门店的场景，也同样是消费场景的创新，对传统行业而言，都具有新颖、新奇的特点，能吸引消费者注意力，让消费者驻足停留。从消费者心理来说，试妆/装对女性购买有很大的决策作用，虚拟试妆/装解决了卸妆、试衣间排队等候等问题，还能提供个性化的商品推荐，满足了消费者试装、自拍的需求，给消费者提供购物之外的附加体验，这种简易快捷又新鲜有个性的体验模式，让产品和服务更贴合消费者心意，不知不觉中增加消费者逗留的时间，激发消费者的购买欲望，有利于提升转化。商家同时还可以通过人工智能从大屏、刷脸、扫码支付等收集处理数据，洞察消费者行为及购买偏好，进而更精准、高效地圈定目标消费人群，做到更精准地营销。

情景营销撬动了移动互联网的大局。当产品体验不足以让消费者买单的时候，产品的推广需要构建一个能引发消费者情感共鸣的情景，购买就变得顺理成章了。

第七章 做社群电商,品效合一才是王道

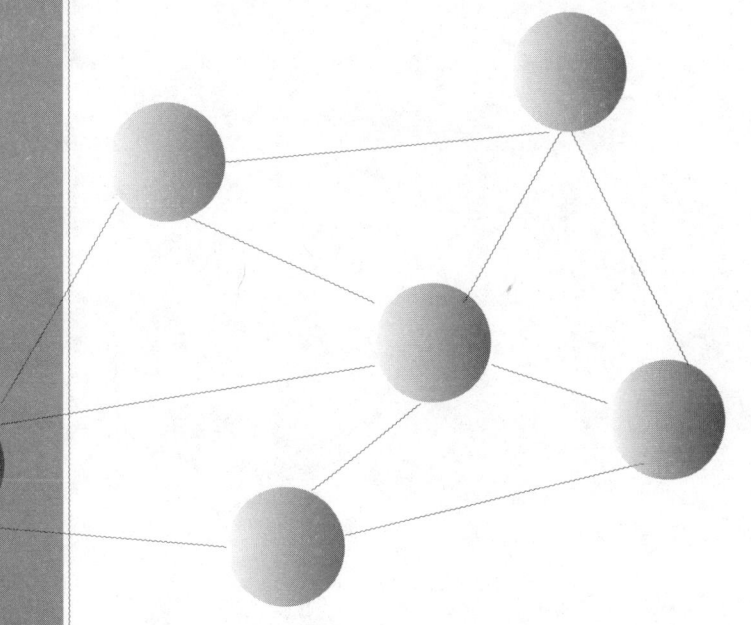

社群电商的产品要精准推送给用户

现在的互联网时代就是直连时代，也就是指产品和用户之间没有过多的中间环节，产品和用户零距离。互联网思维和传统思维最大的不同，主要有两点：一是零距离，二是网络化。在互联网时代，企业面临的最大挑战和机遇其实就是零距离。在没有互联网之前是有距离的，现在则是零距离。零距离给企业带来了什么？其实就是网络化。网络化说到底就是没有边界。原来企业是有边界的，现在没了。

因为没有边界了，那么产品需要更精准地让用户了解，并不是在广告上做文章，而是要把"对"的产品精准地推送给"用"的人，才是做电商真正要关心的问题。

假如问消费者以下几个问题：

如果你在微博/微信上经常收到广告信息，你会烦吗？多数人听到这个问题可能会毫不犹豫地说："很烦。"

如果你在微博或微信上经常收到与你有关的广告信息，如正好是你感兴趣或者喜欢的产品，你会烦吗？多数人可能需要思考一会儿才会给出答案："可能不会讨厌吧，至少是自己感兴趣的。"

如果你在微博或微信上经常收到跟你的需求有关的广告信息，换句话说，

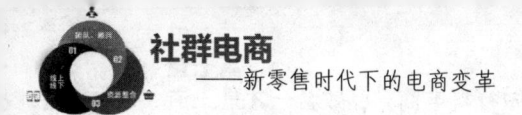

推送的就是你想要的东西,你会烦吗?此时,多数人可能会迅速给出答案:"不讨厌,还会喜欢,因为这就是我想要的啊,省得再去花大量时间找了。"

为什么会有这样的现象呢?因为人的本能会抗拒自己不喜欢的东西,尤其是产品广告。这就给商家提出一个新挑战,如何把营销做到精准,找到目标客户,并让客户不反感广告,并且是自己喜欢的东西。如此一来,用户不用费脑筋,商家还能直达靶心,省去非常多的成本。

每个用户的潜意识里,都是"不要让我去想"。看一下现在的网站,应该说,几乎都是让用户被动地接受信息,而且还充斥着大量的广告。也许有人要说,浏览者打开网站以后可以自己选择自己主动喜欢的,不应该是被动的。其实这正如你看电视、看报纸一样,你所找的东西都是别人给你设定好了的。你看电视、报纸也只是在别人设定的范围内选择,别人播什么,出版什么,你只能看什么,里面未必有你需要的东西,包括你找东西都要按照别人设定的路径去寻找,如你看报纸找一个信息在12版,在知道的情况下你要翻到12版,不知道就要一版一版地找,而现在网站的信息也是这样,用户大量的时间被用在对信息的搜寻上。应该说,互联网不同于电视、报纸,它是大量信息的载体,跨越时间长,囊括范围广,在搜索引擎的帮助下能让用户较快地找到自己需要的信息,但是让产品广告的发展像电视、报纸一样被用户使用,则是一种缺憾。

必须找到用户感兴趣、不反感,且不用费脑筋费时间去甄选的精准推送,用户对这种"与自身相关"的精准营销类广告是不反感的,是有需求的。因为这些广告减少了对用户的打扰,并且让用户费尽心思对比或货比三家后才购买的决策过程缩短从而节省了时间,让用户直接找到对自己有用或有需求的产品或服务。

想要精准地推送,首先要了解你的用户群体,是哪个阶段的人群,什么职位,活跃时间,所在地区,还有更多的关注点,这个就是数据分析的问题了,根据你的用户特征做出相应的推送方案和推送形式以及推送的时间。

所谓"精准推送",就是"将合适的内容推送给合适的人群","合适的人群"这个就是比较重要的点,因为每次推送的内容都是由APP的运营人员提前编辑和准备好的,推送的内容肯定是APP运营人员所认为的"合适的内容"。"合适的人群",就要涉及对人群的精准划分。

"精准推送"就是"精准营销"。不管是什么类型的产品,要清楚一点:精准推送(精准营销)不是向已消费的用户推送同类信息或商品,而是通过数据分析预测用户下一个需求,同时找准为该需求买单的人。一般有四点:一是挖掘未来需求;二是数据分析关系网;三是找准买单者;四是傻瓜式营销。

前面几个我们很好理解,第四个傻瓜式营销说白了就是简单。对于企业来说,顺应市场特征的变化而改变是生存的根本,所以,不要抱怨市场环境的瞬息万变,更不要一味固执地坚持,美国福特汽车公司就曾为固执地坚持付出了代价。其创始人福特曾说:"不管顾客需要什么,我的汽车就是黑色的。"老福特敢这么说的背景是汽车供不应求,"皇帝女儿不愁嫁"。然而,到了20世纪70年代之后,汽车行业快速发展,新营销办法不断出现,而福特公司仍然死抱过去的款式和颜色单一的产品观念,市场迅速萎缩。此时日本汽车像潮水一样涌入了美国,日本汽车的制胜之道非常简单,那就是"消费者喜欢什么颜色的汽车，我们就生产什么颜色的汽车"。日本销售理念就特别贴合"别让消费者费脑筋"并且也真正实现了"挖掘消费者的未来需求"，从而实现了销量的领先。

从上述事件中，我们可以得到一个营销法则，那就是要简单营销。产品简单化、营销简单化，因为消费者不爱费脑筋琢磨，他们都喜欢像傻瓜相机一样的产品。

简单化会让产品变得更受消费者欢迎。如乔布斯设计 iPhone 时的一大思考就是如何更简单，他的简单理念是：手指就是最好的鼠标和键盘，因此，他去掉了传统的 QWERTY 键盘，选择了全新的触摸屏方案，而他创造了"少就是多"的全新体验。

做精准推送，我们要充分了解所在行业的业务，梳理出我们的目标客户是哪些，更要清楚客户在不同的情况下的不同需求。例如，我在汽车后市场行业，那么我的目标客户就是有车族以及喜欢驾驶的朋友。这里我就要弄清楚这些客户需求什么、喜好什么，既要搞清楚他们的硬需求——审车、违章、油品和各种维保；还要搞清楚他们的隐形需求——在不同天气情况下和不同环境下需要的天气预报、拥堵信息等，只有掌握这些我才能见方开药。

第七章
做社群电商，品效合一才是王道

社群电商的口碑营销

较之传统的经商，互联网社群电商时代，口碑维护显得格外重要。社群经济的代表——微商，曾经火得不得了，但是，不到半年时间却成了过街老鼠，就好像一个遇到风口的猪，很快飞上天了，结果，风停得太快，可想而知，一定是一次很痛的体验。当然，并非全军覆没，有一些微商在这一次洗牌中，找到了痛点，学会开始积攒人脉，而有的微商从此就消失了。其实，活下来的微商，都是在那次大潮中有了固定客源，或者说，建立了良好的信誉，在不知不觉中向着社区电商进化，这也是当今电商发展的主流趋势。

很多人都知道营销方式成功率高、可信度强的莫过于口碑营销，因为在一般情况下，口碑传播都发生在朋友、亲戚、同事、同学等关系较为密切的群体之间，在口碑传播过程之前，他们之间已经建立了一种长期稳定的关系。相对于纯粹的广告、促销、公关、商家推荐等而言，可信度要更高。

去海底捞吃过火锅的朋友都知道，海底捞在服务上做得非常完善。当你在排队等位的时候，海底捞服务员为客户精心准备了零食、饮品等；当你点菜的时候，服务生会提醒你可以点半份儿，还会告诉你已经点得差不多了，再多就是浪费；对于一些戴眼镜的朋友，吃起火锅自然也是有麻烦的，这时候，海底捞的服务员贴心地送上了一块柔软的眼镜布供你擦拭。当然，海底捞还有很

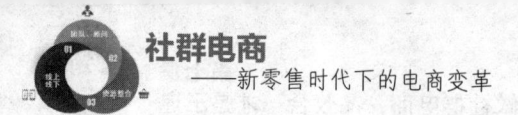

多的贴心服务,所以,业界人都说,海底捞的核心就是着力打造口碑营销。

无论是知名企业还是不知名的企业,口碑营销做得好,口口相传的就多,用户转介绍就多,只是以往社群转介绍行为,存在于零散的网络中,无法高效地复制、管理,我们组建社群营销体系,其核心目的还是希望让老客户的口口营销价值最大化。所以转介绍是社群营销中比较关键的一个环节,做好这一步,无限拓展人脉资源,才能帮你找到更多精准客户。

那么问题来了,如何让客户欣喜并自愿地去给产品进行口碑宣传成了考验企业的头等大事。能让客户感到欣喜的企业,相当于拥有了一个免费销售团队。你看不见他们,但他们却无时无刻不在替你宣传。你的客户会去投票、去交流,如果你令他们喜悦,他们在外面会像你的推销员一样。如果你希望客户成为你的销售人员,只要让他们感到欣喜,他们就会那样做。如果你做到了这一点,你就一定会成功。不要仅止步于让客户满意。如果那个人觉得"我从未有过比这更好的体验",那么自然而然就会回头再次购买你的产品。

要让你的客户爱上你并且爱上你的产品,那么就要做出超过客户预期的东西。同时,为了让你的粉丝热情更加突出、引人关注,你必须好好爱护他们。总之,让你的客户觉得自己被重视、被珍惜,购买你的产品会有一种被优待感,产生一种在别的商家那里感受不到的优越感。

客户一旦为商家转介绍,那么就会从普通消费者变成伙伴,甚至成为分销商,这也是一个社群不断发展壮大的关键。

那么,大家要问了,客户购买了之后如何进行维护才能变成伙伴呢?客户在买了产品之后,要做的是,第一,分享,给你做分享,帮你推荐朋友购买;第二,回购,回来继续购买该产品或关联产品;第三,流失,对你的某些产品不满意,最后流失了。想要让客户转化成粉丝,要先了解客户转化过程:潜客—新客—老客户—流失客户—忠诚客户—粉丝—分销商。

要想让客户转化得更成功,有以下几条建议:

(1)统计分析。了解客户回购周期、客单价、回购频次等信息,以便制定后期策略。

(2)产品周期营销。分为购买期、使用期、结束期、重购期。在购买期做好体验服务,及时跟进客户提醒客户二次回购或者给客户促销优惠等。

(3)会员生命周期维护。这里大家做得比较多的应该是定期的朋友圈的分享和一些促销活动,给一些不了解系统的用户多了解的机会,看看别人家是怎么发展起来的,客户之间还可以进行沟通交流,分享自己在运营系统的心得。

正如你看到朋友们传递某些产品的良好口碑一样,你会觉得他们很有说服力。那你的品牌口碑是怎么样的呢?值得人们去为你传播吗?在电子商务行业也存在各种各样的激励方法,比如说有帮助客户获取传播津贴的程序、折扣或者其他能够吸引到他们的奖励。

除了有过硬的产品,另外还需要动一些心思,吸引客户由路人转成粉丝,那样才会有后续的口碑传播。

社群电商要想做好口碑维护,不妨从以下几个方面着手:

一、要有自己的核心产品,产品是口碑维护的基础

很多社群电商不善于表达自己的优势这是通病,尤其是对自己的产品描述过于极端,要么对自己的产品描述不全,要么在某一功能上过于夸张。想要

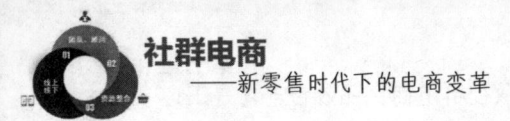

让自己的产品形成口碑效应，要在社群电商中不断挖掘出自己的优势并告诉大家，同时要广泛听取用户的意见。好的方面就拿来做宣传，不好的要改进，形成一种互动的营销，企业处于主导地位，这是口碑维护的初级阶段。

二、面对用户的争议，企业该如何做好口碑维护

互联网上引起争议的传播渠道有很多种，但80%以上是以新闻、论坛、博客等文字为载体的形式，面对这样的争议，或者负面新闻，很多企业为了保持口碑形象，一般采取公关的方式解决。公关的方式包括两种，一种是直接删除法，另一种是覆盖法，删除法不难理解，直接把出现的负面新闻删除，覆盖法则比较高明一些，就是当出现争议的时候，适当地大量发布一些正面新闻，把负面新闻"覆盖"掉，这是避开风头的最佳选择之一。不过，在社群电商时代，面对用户对产品的质疑，还需要更多的方式给出合理的解释，也许传统互联网时代，通过媒体这个平台就可以息事宁人，但是，到了社群电商时代，企业和用户基本上可以直接对话，不回避，给予客户合理的解释，是最好的口碑维护策略。

三、当形成全社会关注的话题时，该如何做好口碑维护

对于大多数的社群电商来说，这样机会少之甚少，因为单单就自身而言，很少会出现这样的爆发机会，如百度的信任危机、三星手机爆炸问题等。当然，社群也是一个世界，中小企业可以适当组织一些公益活动，社群电商的用户大多数都是老用户。有数据显示，60%的新客户来自老客户的影响，20%的老客户带来80%的效益，那么，做好社群口碑，是一件十分重要的事情。

一个做得好的品牌，产品往往做得比较稳定，在尽可能地满足用户的使

用需求的同时问题尽可能地少，如果产品比对手更先进、更新颖当然也能增加用户对你的好感。在用户使用产品和享受服务的过程中，满意度的提升会进一步提高用户的信任度和依赖度。品牌企业做好产品也好，做好营销也罢，归根结底都是为了把"口碑"做好，只有良好的用户口碑才是企业长期发展的必要条件和基石，除此之外，别无他径可走。

社群电商的粉丝引流

移动互联网时代其实就是一个粉丝时代，谁拥有了粉丝，谁就取得了成功，但是粉丝容易获取吗？答案肯定不是，因而才有了"社群"这个概念，当然，就现在所有的互联网模式而言，社群思维无疑是最能发挥粉丝效果的一种方式，但是很多人依然对社群存在着很多误区，就拿引流来说，很多人盲目地去添加别人，以为这就是你的粉丝，其实这是一种极大的错误。

社群不活跃，很多人的第一反应，就是用各种方法去激活社群，但往往忽略的一个很重要的原因，就是有可能是这个社群的基础——聚起来的这群人不对。社群是有着共同调性的个体聚在一起同频共振、交流链接的平台。我们都知道，社群的健康和活跃，其实很重要的一个决定因素，就在于社群成员之间是否熟悉和对味儿。

所以，要想做到社群粉丝引流，首先就要"志趣相投"，不然强行放在一个群里，也不会长久。

社群不活跃，首先需要反思的，就是自己聚集粉丝的方式方法和过程，注意，这里用的是聚集，不是硬拉或者其他欺骗手段引流过来。聚集的意思，就是用社群的精华价值吸引用户主动加入，其实吸引也不准确，应该是"勾引"更恰当，就是通过各种展示手段和技巧还有套路，让用户尽可能地被社群的价值所打动，主动聚集过来。

粉丝的规模是社群开展其他一切活动的基础，但是现在很多社群都或多或少地面临一些关于粉丝的问题，要么是引流粉丝数量少，要么就是引流过来的粉丝精准度很低。总而言之，就是粉丝数量和精准度无法兼得，但是关于粉丝的问题不解决，对将来社群运营来说绝对是一个大患。所以解决用户精准度问题迫在眉睫。

这就需要我们在"勾引"粉丝之前，要搞明白几个问题。

一、明白谁是自己的粉丝

粉丝就是未来可能成交的用户，如果我们对自己的用户都无法清晰地定位，你怎么可能成交？比如，某个社群电商的定位是佛教用品，他的粉丝关注的必定是一些佛教文化，那么他的用户就在佛教文化和信徒里，这样商家就可以有针对性地发布这类文章来引流自己的客户。而不要这山望着那山高，看到娱乐领域的阅读量非常大，就跑去做娱乐文章，等过了一段时间自己发表的文章阅读量非常大，但是吸引过来的粉丝非常少，而且还不精准。假设你做的是佛教用品，那么每天发布的文章和推送的信息一定是和佛教文化有关的，即使每天吸引来的粉丝并不多，但只要是被吸引来的，一定是精准粉丝。引过来的粉丝，有人储存到微信，有人储存到公众号，根据你的实际情况确定到底把粉丝导入到什么地方。

二、知道粉丝在哪里活动

刚上线的社交电商可以通过定位在新媒体平台招募粉丝，如果是偏女性人群的社交电商，可以先做好社群的定位，然后把社群的招募活动和社群二维码发布到微博、贴吧、自媒体平台、朋友圈、QQ群招募相关领域的人群。通过筛选可以把精准用户导入到微信和公众平台,可以在社群、公众平台、微信朋友圈同时推广活动给潜在用户,激活用户下单。

三、知道如何让粉丝变成合伙人

如果我们在招募粉丝的时候用的是基础社群,也就是交流群、学习群,通过这个基础群然后找到精准用户再分化出会员群、折扣群、福利群,通过不同维度激活用户复购。在社交电商中有个比较关键的就是分销合伙人,如建立了基础群、营销群加起来有50个左右,然后在这些群里再招募分销合伙人。合伙人可以直接通过社交电商平台申请入住成为分销店主,通过自购省钱分享赚钱,通过分享帮助社交电商平台获取更多的流量和销量。

四、有了精准粉丝,锁客留存也很关键

社交电商在运营中有一个比较重要的工作,那就是锁客,在通过社交电商平台获取用户和积累了大量的老客户以后,可以专门针对会员建立会员群。同时在社交电商平台做一个会员专享区,每天在社群推送会员专享的商品、专享的折扣,以及专享的福利优惠券来激活会员用户提升黏性和复购率,帮助社交电商平台提升销量。

除了上面主动引流外,还有一种粉丝引流我们称为被动引流,被动引流需要注意哪些技巧呢?

一、分享干货,吸引眼球

在一个社群里,人人都希望看到干货,干货可以是你擅长的知识,或者实操过的经验。如果你是新人和小白,可以通过听一些课,看过的文章或书,

然后拆解复盘再来分享也是可以的。如果你是专家，那么你对自己擅长领域的问题如何去解答应该非常得心应手了，这个时候你就要梳理好回答问题的文案模板，把用户常问的问题进行归类，把每一个问题都写好答案，然后放在你的收藏夹里面。只要别人问的问题你会，你就回答；如果不会怎么办？群里没人回答，你也可以去答。你就去私聊一些朋友，得到答案后再去回答。可以如实跟别人说，我问了我的朋友，这样做以后，别人会觉得你很真诚、很热情。分享干货但切忌有营销广告的痕迹，你要做的是提供价值给群友，而不是让别人或者群主反感。

二、找一个别人感兴趣的话题切入

当你能够在群里分享你擅长的知识、实操过的经验和干货，或者是你收集的资料，这些资料其实都可以作为你话题切入的要素，这就是你的付出，你只要分享出来，别人就对你有好感，认为你是一个乐于分享的人，而且这些资料会引起群里的讨论，最后再完成引流。

三、与群主混熟

要遵守别人的群规。时刻注意自己的口碑，其实很多人都看在眼里的。如果你是某一领域的专家，你可以去抱群主的大腿，你跟群主混熟后，然后跟群主提议可否在群里分享一些我的知识见解和实操心得，群主为了提高群里的活跃度，肯定都是非常愿意的，如你在群里分享你带小孩的经验、给孩子选择学校的经验，只要没有广告痕迹即可。一旦你在群里完成分享，最后再引导一句"如果大家有什么问题也可以加我微信，我很愿意帮助大家解决问题"，你就能收割一拨儿非常精准的粉丝了。

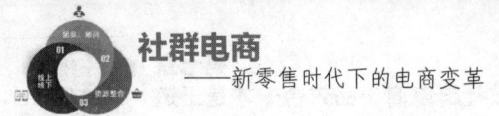

四、积极寻求合作机会

合作不一定自己主动去找，要多留意群里的动作。遇到合作的时候别人都会在群里询问，你就把它当成引流的话题，来展示自己的资源和优势。别人想合作，但你满足不了人家，如果你有这种资源的朋友，你可以推荐给他，这样需要合作的人就会主动来加你，而且群里其他人也会再次加强对你的印象。

五、帮别人等于帮自己

各种社群建立起来就是一种资源。如有些人想进入一些其他的群，而刚好你又有。平时也可以以拉群的话题切入，如我这边有几个××的群，有兴趣的可以找我之类的。

通过主动引流和被动引流的方法去不断总结经验，我想每一个人都能做到既能吸引粉丝又能锁定粉丝。

社群电商的用户运营

用户运营指以用户为中心，遵循用户的需求设置运营活动与规则，制定运营战略与运营目标，严格控制实施过程与结果，以达到预期所设置的运营目标与任务。

互联网世界中有句话叫"得用户者得天下"，没有用户，再酷再炫的产品早晚得凉。换句话说只要我们有了不错的用户基数，产品纵然做得不是特别好，最后也会有不错的收益。因此，用户是企业在互联网世界生存的命脉所在，用户运营便成了运营人的核心工作。

那么，用户运营是做什么呢？运营人又该如何做好用户运营呢？

第一，用户运营的核心，是把活跃用户的规模往上提，方式有两种：开源和节流，开的是注册的源、节的是流失的流。还有一种，那就是保活跃，让不活跃用户变活跃，让活跃用户更活跃。具体怎么做呢？就需要借助数据化的运营。

通过数据分析，可以更精准地划分用户，不仅是用户的年龄、地域分布、活跃度，更深入的还可以区分用户的渠道场景、行为习惯、消费喜好等。我们无法强迫普通用户转换成付费用户，但是我们可以通过更加吸引、对症下药的手段，来刺激用户加大、加快转化。以电商为例，通过分析用户归类人群与等级，创造一个用户的标签组成为：20~35岁之间、女性、低收入人群、爱宠人士、巨蟹座……最近购买了一袋×品牌的狗粮，那么则另外一个标签与她相符的人，也可能在某个时间段产生这个需求。如果以现金贷为例，通过分析用户人群画像风险模型等，给剩余额度较低与较高的人群分别发送30%与60%减息券促其复提，之所以给额度不同的用户发送不同额度的优惠券，就是因为使其在吸引用户的基础上，控制成本，提高ROI。数据化运营就是一个千人千面的过程，就像100个人看蒙娜丽莎，就有100种微笑。当用户运营到位，100个人使用你们的产品，就有100种"满意"。

第二，要寻找核心用户。聚类分析之后得到的用户类别并不全对我们的业务增长有效，20/80原则同样适用，我们会发现往往20%的客户贡献了80%的营收。为此，我们需要聚焦核心客户。核心客户筛选出来后，我们要结合定性数据，进行角色描述的尝试，包括用户的个人描述、用户目标，并有针对性地提出我们的商业目标，包括我们的价值主张、营销计划以及客户关系的营造。当然，核心客户画像创建的过程并不是一劳永逸的，需要不断地跟踪和迭代，才能把握好核心客户的需求变化，为企业后续的品牌运营、产品开发以及营销策划提供设计的基石。

在用户运营方面，小红书可以算是成功的案例：

小红书首先把自己的平台定位为"生活"，它找到了移动搜索的一个入口，并发育成为一个生活类搜索全路径的服务平台。在小红书的运营者看来，用户之所以要进行生活类搜索，是因为大家都在生活上遇到了各式各样的问题，这是一个非常高频的需求，而其中肯定有从来未遇过或者从前解决不好的问题。这时,别人的经验对他们而言,就是百科和攻略。快速获得搜索结果,是极致的效率,带来的确定性让用户体验非常满意。其次,小红书的内容生产者是用户。用户通过生产内容并进行社交来寻找认同感,这也是小红书的氛围。确定性与认同感带来的满足,共同影响了用户的学习、模仿、生产、分享等一系列行为。小红书通过"内容供需+用户心理需求"打造了一个马力十足的内容搜索引擎,这是它获取流量的第一个成功因素,精准的流量切入点。最后用户的体验做得非常好。主要有如下几点体验:

(1)产品基础体验:用户选择了产品中最核心的内容展示页面作为分析对象。这就是优秀的产品与交互设计能力,交互简单容易上手,经过精心设计顺序呈现内容,目的清晰明确,非常具有学习意义。

(2)内容展示策略:小红书的内容展示策略是用户画像(长期)+实时更新(即时)。小红书把用户的每一个动作,无论是点击、上滑下拉、左右拨动甚至是发呆,数据采集模型都会把这些动作一一量化成数据记录在案。用户画像,就是来自于用户生命周期内所有动作的综合产出,这是一个长期结果。它的作用就是当用户没有新的重要行为时,小红书同样能够根据用户画像呈现的内容,让用户不对平台失望。换言之,实时更新就是当用户产生重要行为时的瞬间响应。

(3)社交氛围:小红书的社交氛围做得好,是因为平台内没有明显的戾气,给用户的整体感受是挺有爱的一个交流场景,让人愿意继续待下去。当然,这和平台的管理风格、手段有关系。小红书的产品体验确实优秀,通过基础体验+展示策略+社交氛围的组合让用户产生用户黏性,值得深入学习。

通过小红书的成功案例,我们发现:用户运营的内容与社群电商也不完全

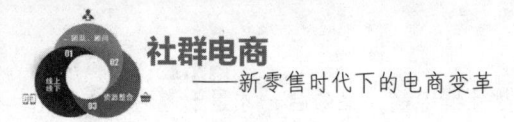

一样,做用户运营,要围绕产品做内容,可以讲产品故事、讲生产过程、讲行业趋势,目的就是给用户洗脑。而社群电商里的内容运营,相对而言没有那么重要,只要妥善处理粉丝之间的关系,不造成群员混乱、产生负面舆论危机就行。

现在越来越多的人说社群变现太难了,或者产品盈利太难了。事实上是用户运营没有做到位,社群运营已经到了精细化用户深层次运营的程度,如果不能有针对性地提供有价值的服务,怎么可能有人给你付费,更谈不上社群变现了。

精细化运营是在社群同质化环境下留住用户最有力的武器,我们需要了解并挖掘每一个/类用户的真实需求,"你我牵着手,可惜我却看不到你的脸",这是所有社群都面临的最大问题,不得不说这是件非常可悲的事情。

不知道用户是谁,他们需要什么,就无法知道他们的兴趣爱好、偏好的内容,也不会知道他们对产品的喜好,更别说和他们建立起长期关系,又谈何变现呢?

在恰当的时候给他们提供精准的产品或者服务是贴心的,在不恰当的时刻你推出的产品或者服务就是"广告"。我们必须深深地记住,并不是一个产品可以卖给所有年龄段的人,也并不是任何人、任何时候都需要你的产品或者服务。我们需要根据用户的喜好、兴趣、需求去提供给他们想要的服务,同时我们还需要围绕建立分级、分层次,搭建用户成长、等级体系、用户召回体系等。

一个良好的用户成长体系,能带领用户从新手到种子用户的转变,和用户建立情感关联,最终实现用户黏性和平台价值的提升,实现社群变现,口碑裂变等,做到这些才能称为真正的用户运营,否则只是社群运营者的一厢情愿。想钓鱼就要像鱼一样思考,而且还要有鱼喜欢吃的饵,这才是永恒不变的真理。

打造商品品牌，满足消费者的需求

商品的品牌怎么来的呢？一定是通过不断扩大知名度、口口相传形成的。所以，打造商品品牌并不能离开产品、渠道、推广、促销，做到一定程度也就形成了知名度。只是从本质上，这些并不是品牌营销的本质。从根本上，品牌营销的本质是以人为本。只有对人进行系统的关怀和满足，才能真正做好品牌，让其营销。怎么才能做到对人进行系统的关怀和满足呢？那么就要听听消费者的真实需求。

消费者需求分为基本需求和潜在需求，基本需求指的是吃穿住用行以及生理、心理、文化、价值等等，潜在需求是指在基本需求的基础上衍生出来的享乐、安逸、舒适、快乐、兴奋等。

为什么苹果产品可以在众多智能手机产品中脱颖而出？

为什么京东电商会广受行业好评和用户青睐？

成功的产品都有规律可循，无一例外，他们都瞄准了消费者的需求"痛点"，继而实现创新，取得巨大成功。

乔布斯曾经提到，他们一开始并没有想到要制造iPhone，但当他和公司高管聚集在一起抱怨他们的手机操作有多么让人痛苦的时候，他们开始意识到消费者可能也遇到了同样的问题。于是，他们从自身使用需求出发，也就意识到了消费者的"需求",于是一个以解决消费者的"需求"为主导的苹果产生,最终颠覆了一个以产品功能为导向的诺基亚。

同样,小米开发的"小米遥控器"这款应用软件,它可以将消费者的智能手机变成小米盒子、小米电视的遥控器,从而解决了人们看电视时经常找不到遥控器的问题,基于这个痛点,"小米遥控器"获得了市场广泛好评。

所以,为了满足潜在用户的需要,做企业和营销要时刻保持敏感,企业家要非常注意需求、客户、用户,以及潜在的用户、潜在的客户;同时你这个队伍要对这种潜在的需求能够灵敏地做出反应。

品牌营销的起源是消费者的需求,故而,要做好品牌营销,就必须以这部分消费者的需求为皈依,而非简单地整合产品基数等外在元素,这样品牌营销才能找到最为坚实的根基。从整体性说,找到明确的消费者需求是品牌营销第一步。关键在于整体把握消费者的消费行为。

消费者的需求不是通过商家调查出来的,而是通过"满足"出来的。乔布斯说,消费者没有义务去了解自己的需求。他们只知道自己想要的是更舒适、更安全、更健康、更快乐、更成功、更富有、更有品味、更有魅力……这就够了。消费者没有义务了解自我需求,而商家则有义务理解消费者需求,并提供将需求具象化、清晰化、显性化的解决方案。当你能拿出这样一个解决方案,消费者就知道自己原本模糊的需求到底是什么了。于是消费者就会认同你、感激你,会认为你非常懂他的心思。这时消费者才愿意关注你、了解你,因为你比他更了解他自己。

比如,同样做酸奶,一款希腊酸奶就把传统食品巨头从货架上打出去,再后来酸奶界又有了俄罗斯炭烧酸奶、慢醇、简醇等符合现代年轻人的设计风格的酸奶品牌，渐渐占领了市场。消费者一直在变化，你不灵敏，而谁都比你灵敏，你的生意就无法做。

再比如，美国西南航空公司打破消费者以往对于飞机宽敞、舒适、可口食物等的期望，它的飞机不是很舒适、不提供食品和咖啡，只保证安全和快捷。但这样的航空公司不仅没有倒闭，反而成了航空史上的传奇。究其原因，是其从消费者的角度思考，对于消费者而言，坐飞机最重要的就是安全和便捷，于是它专攻这两个方面，结果正中了消费者的下怀。与竭力提高飞机的内部设计和服务水平不同，这样做既可以降低成本，又牢牢抓住了消费者的心。

现在消费者进入了真正的消费主权时代，尤其是互联网技术的广泛应用，使得我们的消费者对待产品和品牌的心态也完全改变了。什么叫消费主权？就是真正以消费者为核心的时代来临。企业的一切营销思考都要聚焦消费者：产品，为核心消费者创意设计，包括产品上的信息，全部要进行聚焦个性化改变；其次品牌名称必须迎合核心消费群体的精神价值取向，符合他们的性格，具有明显的族群特征；而品牌的传播则全部凸显核心消费群体所关心的核心事件，运用互动的形式，吸引他们全身心参与到品牌推广的全部活动中。

那么，在寻找消费者需求方面，需要从几个方面入手呢？

（1）找到用户本质需求的延展性，才能更好地满足客户，在做产品之前多问几个为什么，多去想想有没有更多的可能性。如手机产品，一开始的本质是为了打电话，后来多了听歌和拍照的功能，现在已成了人们不可缺少的物品，社交、生活样样离不开它。

（2）对产品进行宽度拓展。可以是产品的属性，如性能、价格、产地等，也可以是人群，如年轻人、老年人、女性、男性等，也可以是使用环境，如是在休闲时刻或是差旅、家庭聚会等等。

（3）深挖消费者习惯。如酒店行业，从五星级到快捷酒店是从服务和价格上做对比，另外一种驴友民宿的开发，就无法从价格和服务去衡量价值，他们更注重的是人与人之间的情感。再比如，前面提到的美国航空公司的做法，换一个途径和思路去迎合消费者的习惯。

（4）了解客户的渴望度。研究客户的需求有多迫切，如学区房，如对于自己的健康问题、养老问题、日常出行等，是硬性需求又是人们生活中必须要有的。这些问题要深入地思考和挖掘，随着生活水平以及环境的变化，消费者的需求也会有所变化。如之前人们觉得吃肉很好，现在大部分认为吃素更健康、更时尚。

假设自己是一位消费者，看到自己的产品，是否对所推广的产品产生浓厚兴趣？是否会产生购买欲望（想不想买）？购买的欲望强烈不强烈？如果你不能，那消费者更不能！如果连你自己都不能被说服，那么消费者就更不能被说服。千万不要认为消费者的智商比你低，那么容易说服，如果你天真地认为消费者的智商比你低，只能说明你自己的智商太低了！

只有把消费者的需求放在第一位，才能有后面的品牌传播和打造。只有掌握用户的需求，才可能开发出用户喜欢的业务；只有开发出更多让用户接受的业务，才能推动移动互联网产业的发展。同时，要把握当下移动互联网社会的用户特点：

（1）以年轻人为主导。目前我国移动互联网用户以 15～45 岁的年轻人为主，手机上网尤其是手机 SNS 的用户以学生和白领人群为主。这类人群与外界交流的愿望很强烈，乐于尝试接受新事物和新的生活方式。与传统互联网的发展方式不一样，移动互联网用户的发展是从草根阶层开始的，是由下而上的发展。未来几年，中低端用户会比较多地使用手机上网，并且他们使用手机上网的时间会比较长、频率比较高，上网的目的基本都是娱乐和交友，如移动 QQ、移动虚拟社区业务、移动视频业务将会是这类人群喜欢的业务。

（2）社区化趋势明显。互联网在 Web 2.0 时代发展最迅速的业务就是虚拟社区。虚拟社区的类型多种多样，不同类型的社区都聚集了不同偏好的大批忠诚用户。传统互联网社区业务移植到移动通信网之后，人们可以在有线与无线虚拟社区间无缝切换，利用移动互联网随时、随身、随地的特性来获得更好的社区体验。由此，移动虚拟社区将是移动互联网最具商业应用前景的业务之一。

（3）多利用零散时间。用户使用移动终端体验移动互联网业务主要是在外出旅行、等候及在外的休闲娱乐时间，这些都是人们比较放松和空闲的时间。正是这些零散的时间，占据整个消费行为的 80% 以上。

因为市场有需求，客户有需求，打造品牌才能不盲目。打造自己的社群不仅仅是赶时髦，而是应该充分利用自己的优势，与市场的需求结合起来，走出"人无我有，人有我特，人有我精，人有我专"的个性化品牌道路。

第八章 社群电商三大产品思维

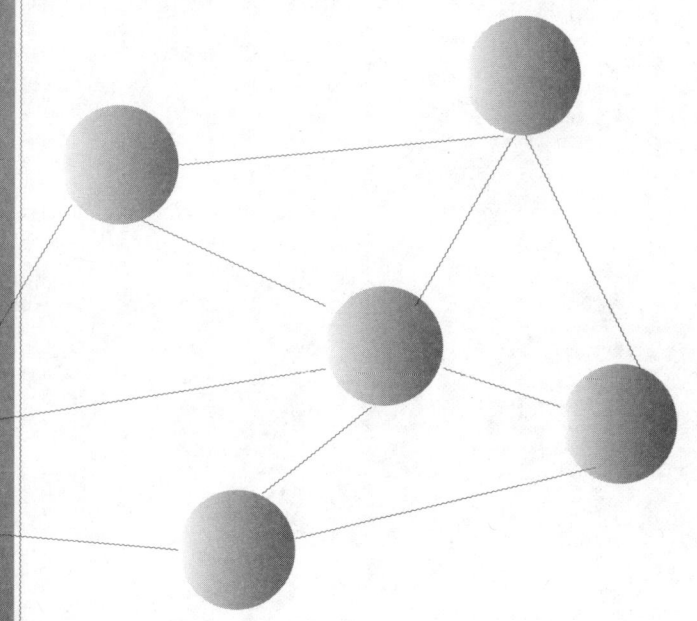

第八章
社群电商三大产品思维

产品是入口，连接是根本

过去的传统认为，人是最重要的资产，这句话不假，但随着互联网社会的发展，今天，人组成了社群，人就是商业模式。产品是入口，产品型社群是互联网时代的生存方式。

传统企业围着产品转，研发、销售、售后都是以产品为核心，只要产品好卖就万事大吉了。而互联网企业不一样，他们是以用户为核心，所有产品和服务流程都是为了给用户更好的体验，让用户持续使用和消费自己的产品。互联网企业，产品不再只是产品，而是用户连接器。

举个最简单的例子，如果一个学摄影的人想买一个专业的相机会去哪里买呢？会去京东？会去天猫？还是会去线下的购物中心？摄友们的答案是：直接找我们的摄影老师就行了。如果一个带娃的妈妈想给宝宝买安全放心的奶粉，会看到大屏幕上的广告就买吗？一般妈妈给出的答案会是：别信那些广告，都是忽悠人的，还不如让我们宝妈群的某某从新西兰或香港代购。如果一个爱旅游的人会如何规划自己的旅游路线呢？是去找专业的APP给自己定制呢，还是找自己认识又资深的驴友去玩儿呢？显然选择后者的多。

所以，我们发现身边这样的例子越来越多，我们不得不承认这样一个事实：人，尤其是靠谱的人，正在逐渐成为交易的入口。

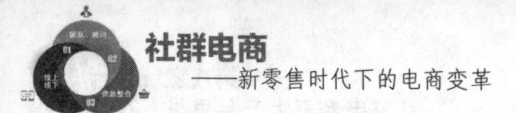

传统企业以货为中心,先有产品再有客户;而社群电商以人为中心,先交朋友再卖产品。以前我们认为产品好,价格有优势就能卖出去,这就好比我们去一个超市,看到的是一排排的货架,打开淘宝、京东,看到的是一页页的商品列表一个道理。而在社交商业的大环境下,免不了给人一种冷冰冰的感觉,如果这个牌子是我熟悉的,那我还有购买的理由,因为我相信它,但如果不熟悉,下单前基本上就要犹豫一番。而社群电商的思维跟传统企业就刚好反着来了,它是先跟你把信任感建立起来,你会发现做社群电商的回答起客户问题比电商客服都有耐心,目的只有一个,就是为了建立起跟客户的信任感,再把产品卖出去。所以,产品是入口,人是资源,社群是商业模式。

社群要想发展得好,产生势能,就要用产品入口乘以人的连接系数。社群能量等于产品质量乘以连接系数,是指社群和产品是一回事,你可以从产品着手,也可以从社群着手,它俩互相转换。如果公司有连接系统的存在,就不需要做太多的事,也能产生巨大的能量。这就是社群的思维,是社群时代的商业模式。

工业时代的商业模式很简单,比如说酒店行业,收入 = 客房数 × 入住率。想要更多收入,就要更多客房、更多酒店、更多人员和资源,客人走后和你有什么关系吗?没有!所以,你的生意只会变成更多的酒店,然后越来越忙,越来越累。而社群时代的商业模式却不同,酒店的住客难道只睡觉吗?睡袍、被子不能卖吗?扫一下二维码就可以下单,然后快递上门。所以,酒店里的所有产品只要与入住的这个客人产生联系,就能产生势能。关注产品,你就只有住房这一个产品;关注人,可以有很多产品。

未来的产品利润会趋近于0，获取客户成本会越来越高，最大的壁垒不是技术，也不是资金，而是基于人与人之间关系的情感，情感和时间将成为最大的壁垒。

比如，滴滴打车的出现直接把出租车公司逼到了悬崖边上，一个APP击溃了全国的出租车行业。透过这个现象，说明了一个问题：就是连接比拥有更加重要。连接是一种关系，而你拥有的只是物质，也就是说，现在的世界，关系比物质更重要。其实Uber是社交网络公司，并不是一个打车软件。他只是以专车为切入点，去构建并经营强大的社区。并把社区当作强大的市场力量，反向去支配和影响上游的供应链。

如果我们把连接比喻成一个数学公式，那么可以得出如下的结果：

如果只有1个粉丝，连接系数为0，这是一个失败的公司。

如果只有10个粉丝，连接系数为1，这是一个传统的公司。

如果只有100个粉丝，连接系数为2，这是社群雏形。

如果只有1000个粉丝，连接系数为3，这是一个中等社群。

如果只有1万个粉丝，连接系数为4，这是一个大型社群。

如果只有10万个粉丝，连接系数为5，这是一个现象级社群。

连接系数就是企业与顾客连接的次数，企业与购买者是顾客关系，顾客购买后既不会再来买，也不会推荐给别人，这是大部分传统企业的做法，叫作有销量无粉丝。要增大销量就必须靠广告，但广告不能在企业与顾客之间建立起强烈的感情。没有铁粉的品牌就没有未来，有了铁粉没有连接的品牌依然没有未来。

这就是互联网思维,产品是入口,离开产品谈情怀就是瞎扯,用赤子之心做产品,才是最好的思维,产品才是互联网的关键。但是,给产品插上飞翔的翅膀是什么?是连接。为什么在社会网络当中关系和连接如此重要呢?因为关系和连接有连接度守恒定律。连接的数量×连接的强度=一个常量,一个人的连接度是守恒的,并不是你看着的那么简单。而人的连接度是守恒的,有一句实实在在的话"连接资源是稀缺品",正因为连接资源是一个稀缺品,才使得它这么重要。你不可能同时玩微信和微博,其实微信和微博争夺的是用户有限的连接资源,而你的连接资源有限。在互联网世界里面连接就是生存节点,永远为了连接而竞争,一旦失去连接,我们将一无所有。1999年巴拉巴西提出两个定律:生长机制和偏好连接。什么叫生长机制,每个网络都是从一个小的核开始通过添加新的节点而增长。什么是偏好连接?你会发现拥有连接数越多的节点,后面的连接数就更多。

对于企业来说,不仅需要在产品的功能技术上保持领先,比这更重要的是要搭建以产品为基础的社群,也就是我们说的产品型的社群,这也被誉为互联网时代的生存方式。如小米,小米是运营成本最低的,它不仅仅是个手机公司,它在重构整个手机产业,手机是入口,用户是资产,小米最大的资产是小米社群。小米的3个战略是:做爆品、做粉丝、做自媒体。做爆品是产品战略,做粉丝是用户战略,做自媒体是内容战略。小米的用户社群是他的根基所在,所以他现在花大力气发展小米网和同城会,这就是一个把产品和社群运用到极致的一个案例。

连接用户、获得用户、留住用户,是互联网企业后续开发用户宝藏的开端。用户第一次消费产品,是再次消费的开始;用产品连接上用户,频繁互动,建立长期关系后,创造的价值就更大了。

兴趣社群更加注重群体的力量。以前的论坛、贴吧、豆瓣便是兴趣社群最好的载体,这些有共同兴趣、爱好、话题的人聚集在一起自由地交流,分享彼此对某一事物的看法,从而利用口碑效应,改变一批人的消费行为。

在今天,大家的消费是分阶层的。相同人可以玩在一起,可以买相同品牌、价位的产品,但是不同阶层的人就很难玩到一起。大家在购买产品时不再是基于功能性的消费,而是在某个场景下,要送给女朋友、同事等场景下的消费。精准营销就是我这个产品特定为某一类人设计的,其他人不是我的目标用户。社群要解决的就是我们需要的目标用户,如何使这些人跟我们协作、连接、互动,产生良性循环才是关键。

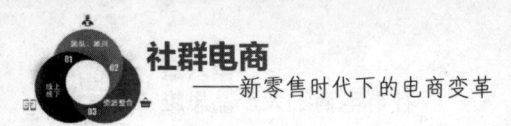

做极致的用户产品体验

什么叫极致？有句玩笑说，极致就是把命都搭上。无论任何时候，想要让产品带动用户，需要具备极致思维，就是把产品、服务和用户体验做到极致，超过用户预期。积少成多的细致用户体验才能打造颠覆性的产品，颠覆性产品不是一日而成。产品的极致体验都来源一个考量指标：用户感知度。

首先，来看用户体验最主要的指标用户感知度。用户感知度越高，产品体验越高。用户感知度分为这样五个维度：

（1）视觉：用户所看见的产品；

（2）触觉：产品人机交互的过程；

（3）感觉：对产品的满意程度，所使用的服务是否让用户感觉到极致的快感；

（4）逻辑：逻辑上是否用户习惯，是不是下个页面是用户能预测到的；

（5）黏度：用户使用第一次后，用户是不是会再回来使用你的产品。

以上五个维度作为最主要的判别指标。

随着行业的逐渐发展和完善，仅仅靠功能的满足已经不能获取用户的"钟爱"了，用户对使用的感受变得越来越挑剔。以前，如果一个产品能满足大多数用户的实际需求，又让用户感觉到好用、易用、简单、便捷，可以说这个产品拥有了良好的用户体验。现在的市场环境，充斥着各种同质化的产品，用户面临的选择越来越多，想要让用户获得满意的体验，单靠满足需求和独特的风格已经有点势单力薄了，而细节上的处理和用户关怀显得越来越重要，这就涉及"极致"的用户体验。

众所周知，苹果公司的广告做得很好，但它的核心竞争力却在于他们的产品给用户带来的是世界一流的用户体验，这种让人难忘的使用体验才是人们口口相传、向朋友推荐的核心理由。

记得在一次 iPhone 新产品发布会上，身着紧身牛仔裤的乔布斯指着自己的窄小裤兜说："如果我们想在裤兜里塞进去一个产品，那它应该是什么？"紧接着，乔布斯拿出了 iPhone："没错，就是它！"这是典型的乔布斯式的提问方式，即站在消费者的角度，提出一个耐人寻味的问题！虽然乔布斯只是漫不经心地自问自答，但一点都不妨碍他对于消费者的启发和诱导：

（1）iPhone 精致小巧，适合装进窄小的裤兜里；

（2）时尚的外观加完美的体验，足以令我们一见倾心；

（3）也是最重要的部分，iPhone 其实是网络时代可以移动的个人掌上电脑，而不仅仅是传统意义上的通话手机。

今天，如果我们营销人能像乔布斯那样从消费者角度定义 iPhone，将产品镶嵌在消费者生活方式中，这才是产品畅销的制胜法宝，更是品牌营销的目的。

当然，苹果首先在技术上做到了领先，但能让苹果卖向全球，靠的还是体验营销。从 1998 年的 iMac，到 2001 年的 iPod，再到 iPad、iPhone，乔布斯

以自己的行动告诉消费电子行业，仅仅依靠技术运算、硬件配置而制胜的时代已经过去，取而代之的是"与消费者产生情感共鸣""制造让顾客难忘的体验"。当产品能召唤消费者情感，它便驱动了需求，这比任何一种差异化策略更有力量。苹果的产品影响了消费群的使用行为，定义了他们的生活、娱乐和工作行为，甚至影响了消费群的价值观念。

苹果的电子产品，无论是从外观还是从感觉、触觉，都是体验式产品中的精品，它们的设计、造型、色彩和材质都能够带给消费者非同寻常的使用体验和情感触动，并激发消费者对于创新的深层次思考。在客户体验方面，苹果更是通过新颖的方式把它做到了极致。

感官体验，焕然一新。苹果产品的工业设计，以人性化和时代审美观为主要着眼点。现代感极强的流线形外观、流畅简约的设计风格、透着温柔又酷到极致的冷色调，同时又不失温暖、亲切和人情味，带给消费者视觉、听觉和触觉上焕然一新的全方位体验。感官体验的实现与苹果的产品设计密不可分，但这并不是全部。以电子触摸屏为例，在技术上电子产品厂商间各有千秋，难分伯仲，但对于触点的研究，苹果搜集了上万的样本，用以判断多大的面积是最舒服、最好操作的。再比如打开一个程序时，画面弹出的位置，是根据人眼习惯的视觉方向设计的。这些数据的搜集和研究，都花费了苹果巨大的人力和物力。这些都不是创造出来的，而是需要关注和积累的。苹果对于感官体验的传递同样注重，2001年在DELL的直销模式受到追捧的时期，苹果反其道而行之，在全球开设了71家体验店，目前体验店数量300家左右。这些体验店是让消费者直接感知产品特色的重要场所。而体验店本身的设计，因为时尚、科技和前卫感也往往成为区域的标志性建筑，成为消费者拜访、传播的热点。

这是一个体验式经济时代，谁能像苹果公司一样，将用户体验推向极致，谁就能得到竞争的胜利。在做到极致的用户体验方面，滴滴是个值得参考的案例：

滴滴是个双边平台，优质的乘客是对司机的服务，优质的司机是对乘客的服务。而恶劣的司机或乘客，只会引来用户对平台的抱怨。假设一个乘客遭遇了不好的体验，他的心路历程有可能是这样的：滴滴的司机怎么这么傻缺？滴滴给我派的司机都是什么素质？滴滴怎么什么司机都要？继而，他可能会跟朋友抱怨：今天滴滴给我派了一个很不靠谱的司机，于是，这成了滴滴的一个差评。如果滴滴保证了司机和乘客的素质和服务水平，是不是就保证了没有差评？不，司机和乘客只是用户体验中极小的一环。对滴滴而言，从APP使用流畅度、叫车的等待时长、派单司机的距离、司机的服务态度、行驶的舒适度、路程的通畅程度（系统规划）、同行乘客的素质（拼车）、需要支付的费用、是否享受优惠、运营活动、公关行为……这里面的每一步，都关系着用户体验，都会是平台的加分项，也会是扣分项。

用户体验的核心不是一堆产品功能，而是产品本身，事实上，功能只是产品里很小的一部分。Uber的核心用户体验是无论何时何地都能轻易地叫到出租车。其中"倒计时"的功能是一个延伸用户体验的功能，显示车子多久才可以到达。但是Uber的产品远不仅仅依靠这个功能运行，另外，"倒计时"功能也无法脱离产品场景而独立存在。功能和产品有种相互关系——功能无法脱离产品的应用。这也是为什么设计师应当首先考虑产品，而不是功能。

所以，对于很多用户可以明显感觉到，单就这个平台来说，已经不是叫个车那么简单的使用行为了,它已经成为我们生活的一部分了。这就是极致的用户体验。

产品不在量多,但必须是能带来好的体验、社群专属的独特产品,从产品的构思、研发、完善到生产皆与社群、社群文化、社群特色挂钩。这些社群专属的个性化定制产品或服务必须是极致的、细腻的、周到的。同时,对群友来说,这些产品和服务能使他们产生优越感,不仅是拥有产品的优越感,更是身为社群一员的优越感。正是因为社群产品相较于普通产品具有这种特性,因此关注产品体验显得尤为重要。

现在是信息大爆炸的时代,大量的冗余信息增加了人们的筛选时间,降低了沟通效率。于是,长达几分钟的电视广告没人看了,长篇大段的报纸广告被人直接略过了。传统的广告营销模式由于移动互联网的发展遭受了强烈的冲击,自媒体的兴起更是对广告行业提出了巨大考验。

广告行业因营销而生,为企业进行有效的市场推广。当然,如果对产品不满意,他们也会向周围人群广而告之,这些负面信息的影响是企业花费大量的人力、物力、财力也很难消除的。

所以,尽自己最大的努力,追求极致的用户体验,对企业来讲是必须持续做下去的功课。

每一个在创业的公司都应该好好想想现在的消费者想要什么,绝对不是一款产品那么简单。他们不仅想要优质的产品,也想要贴心的服务,还要有大品牌的价值,最好能有别具一格的感受。尽力去满足这些需求,正是每一个公司努力的方向。

社群电商的产品用户反馈

随着"以用户为中心"产品设计思想的普及,用户的心声备受重视,越来越多的产品人愿意将用户的概念贯彻到产品的全生命周期中。无论产品,还是运营,都少不了与用户反馈打交道。就像人们广为流传的腾讯"10/100/1000"法则中,每个月必须收集1000个用户反馈一样,产品的发展离不开整理用户反馈、了解用户习惯、研究用户需求。

用户反馈就是通过各个渠道,找到用户在使用产品后主动反馈的信息,这里的"产品"不仅是"自己的产品",还包括"竞争对手的产品"。

通过对用户反馈的信息进行整理和分析,会发现用户面临的自己产品的问题和竞品的问题,通过分析的结果来指导产品的迭代方向。

我们的产品,都有自己的目标用户群体,但你是否在你产品的用户群里面?你是否在用户群里具备普适性?如果不是,你如何代表用户、如何知道用户想什么,下一步会做什么呢?这时,我们的捷径就是收集用户反馈,倾听用户声音,建立同理心地图,提升自己的共情能力。我们只有在用户的反馈中,了解到用户所说、所做,进而推导出用户所想、所感,才能做出符合用户心智,满足用户需求的产品。

通过用户反馈不但可以发现自己产品的问题,而且通过用户反馈还能根据竞争对手的产品发现自己产品可能会踩的坑。如竞争对手的产品已经做好的一个功能，正是你即将想做的，那么就可以通过竞品的用户反馈去了解这个功能是否真的满足了用户的需求，满足得好不好，如果满足得不好，自己怎么做才可以做到更好。

用户在对一个产品反馈的同时，也说明用户在对某个产品存有期待。所以，很多企业非常重视用户的参与感。

互联网时代，产品的好坏用户说了算，而不是由企业来定义。所以，想要做出满足用户需要的、让用户尖叫的产品，除了了解用户的需求外，最直接、最具互联网特色的办法就是让用户参与到产品的开发、营销过程中。工业时代，由于条件所限，主要依据市场和用户调研分析来设计产品，用户参与产品设计、营销几乎不可能。而互联网企业做产品，用户参与会变成常态。这不仅仅是因为互联网能很容易地把用户组织起来，更重要的是用户参与产品设计、营销，产品会更接近用户需求。同时，参与产品的研发与营销，对企业的铁杆儿粉丝来说也是荣誉和身份的象征，这既有利于产品开发，又能够满足用户的参与感，可谓一箭双雕。小米的成功就是利用粉丝的参与感和反馈，才把产品和社群做得风生水起。

海尔玩的也是类似的套路。如获得当年"世界十大创意产品"的海尔帝尊空调，研发过程中收集了12万条用户意见，全球有1600名设计师参与设计，就是用户参与的结果。在获得用户需求信息的同时，海尔也获得了订单，改变了过去"先制造后销售"容易产生库存的弊端，形成了"先有用户后制造"的订单式、定制式生产模式。

既然用户的反馈和参与对一个产品的改良和发展有着至关重要的作用，那么，用户有哪些反馈渠道呢？

一、社交媒体

社交媒体的基本属性就是提供人与人交流沟通的平台。它可以作为用户与用户之间交流的媒介，这也是此渠道的核心所在。在社交媒体上得到的用户反馈比较真实。社交媒体上人人都能发表自己的观点。这对开发者来说是一件好事，通过与形形色色的用户来讨论APP，你会重新认识你自己的产品，也会在未来的优化更新上更有方向感。

二、邮件调查

邮件营销一直是开发者与用户保持联系的最有效的方式之一。开发者常常以邮件形式向用户发送问卷调查。邮件营销虽然存在一些回复率低、用户不太关心邮件内容等弊端，但也有有利的一面。能回复邮件的用户，都是对你的APP或产品比较熟悉的用户，因此你得到的回复内容的可用性也就很高。好好利用这部分用户的邮件反馈内容，同时要让他们感觉到，自己提供的信息对产品帮助很大。

三、应用内聊天

应用内聊天是一种新型的沟通方式，用户在APP内部就可以直接与开发者沟通。作为一种实时沟通的渠道，应用内聊天比社交媒体更能拉近用户和开发者之间的距离，让用户体验到客户支持的服务。应用内聊天所有的沟通行为都发生在APP内部，在及时顺畅地沟通了问题之后，用户会更愿意继续使用APP。在应用内聊天时对每个用户提出的问题要给出针对性答案，避免统一的

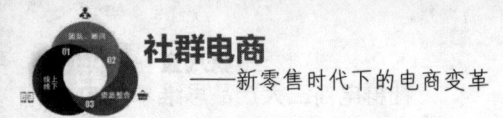

机械性的回复。这样更加能够提升用户体验。

作为产品经理学会如何去收集和处理用户反馈是产品经理不可或缺的基础能力。同时，因为获取用户反馈的渠道是与用户最直接的接触，过程中也最容易使用户建立起对品牌、产品或团队的认知印象，所以好的用户反馈体系是用户体验的加分项。

第九章 社群电商的营销创新

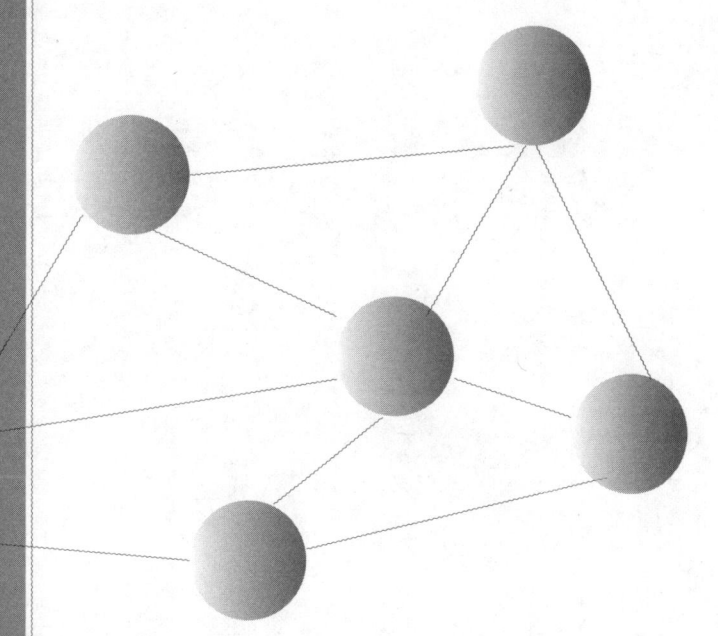

第九章
社群电商的营销创新

合作营销：多赢共享新方式

从互联网到移动互联网，从大数据到云计算，从我要营销到人人去营销，从传统营销到大众直销，从会议营销到养生营销，从个性化到定制化，时代的快车没有停止过讲述着离奇古怪的故事，演奏着一曲曲扑朔迷离的乐章。

做营销的人越来越明白一个真理：一个人干不过一个团队，一个团队干不过一个系统，一个系统干不过一个趋势。团队 + 系统 + 趋势 = 成功。一个人可以走得很快，一群人会走得更快！你能整合别人，说明你有能力；你被别人整合，说明你有价值。在这个年代，你既整合不了别人，也没人整合你，那说明你离理想中的你还有很远的距离。如今早已不是大鱼吃小鱼的时代了，而是群鱼吃大鱼的年代。只有合作才能实现多赢共享，这也是未来营销的趋势。

小米、腾讯、阿里巴巴之所以相继成长为市值超百亿美元、千亿美元的互联网公司，今日回看，一个共同点就是，都拥有最牛的合伙人团队。打造杰出的合伙制真不是平常功夫，应当算是一种绝学。可以想象雷军当初为了这个合伙人的组建见了多少人、谈了多少次、纠结了多少回。在这个年代，对所有创业者的挑战，是愿不愿意去用合伙人团队创业？如何选择和放弃合伙人的候选人？一旦选择之后，有没有智慧去运营这个合伙人关系？

在构建强大团队的商业模式中，团队永远是绕不过的话题。做微商成功的人很多，做死的也不在少数。凡是那些微商做得很成功，产品叫好又叫座的，无一不跟团队有关系。品牌、产品和团队，号称微商的三驾超级豪车。三驾豪车的核心之处在于团队，移动互联网的微商模式两年时间高速发展，很多微商朋友从一个人发展到现在一个团队在运作，有的是上百人团队，多的上千人，一时间涌现出一批明星微商团队。

不论是微商还是其他的移动互联网创业，都需要有一个团队，才能运作得更好。

比如，那些原本风马牛不相及的品牌，为了合作共赢，实现了很好的搭销。

鞋子似乎从来不能和美食放在同一个平台上，但是嘻哈文化代表品牌PUMA就携手上海著名餐厅BLACKBIRD打破了这一固定概念，开起了一家Sneaker Café（球鞋餐厅），球鞋元素充斥着整个餐厅，创意十足，吸引了众多年轻人的目光。另外，BLACKBIRD还为PUMA量身定做了创意十足的下午茶套餐，将PUMA品牌的元素融入到餐食之中，这样的合作新颖又有趣，也难怪这家餐厅有着"可能是上海最美餐厅"的美誉了。

如蒙牛和滴滴打车合作了"喝蒙年赢取滴滴打车红包"的活动。蒙牛与滴滴打车，一个是极具市场号召力的乳业品牌，一个是用户数超过1亿、日订单量超过500万的移动出行信息平台，二者强强联手形成了1+1>2的跨界整合效应，不得不说掀起了跨界合作的热潮。

再比如，可口可乐与麦当劳、肯德基一直存在搭销关系。套餐中的可乐价格远远高于超市购买的可乐价格，我们在肯德基和麦当劳买一杯可口可乐大概是6元，如果我们去超市买一大瓶才6元，大家好好想想，难道我们能说肯德基和麦当劳是骗子吗？明知道中间的价格有很大差异，仍然有许多用户愿意去买，这就是合作销售的秘密和魅力。

比如，网易漫画联手麦当劳在上海推出了四家二次元主题餐厅，分别选定了《中国怪谈》《漫画家与大明星》《仙世录》和《嗜谎之神》4部站内点击过亿的人气作品，以漫画元素为主题进行餐厅改造，打造限定主题套餐。这次跨界的营销合作，也不仅仅是主题店、主题套餐这么简单。网易漫画还邀请众多年轻人参与二次元狂欢派对、宅舞表演、小姐姐茶话会等，线下漫画主题派对与线上直播相结合，让更多的用户都能感受到二次元的乐趣。

真正的合作营销，可以根据不同行业、不同产品、不同偏好的消费者之间所拥有的共性和联系，把一些原本毫不相干的元素进行融合、互相渗透，进而彰显出一种新锐的生活态度与审美方式，并赢得目标消费者的好感，使得跨界合作的品牌都能够得到最大化的营销。

当然，要想获得双赢或多赢，在合作营销方面也要制定一些方案。

（1）寻找可以跨界营销传播的品牌。跨界营销的起点在于品牌要与一个与自身行业适合的品牌或行业一起行动。通过认知一致法来看，两种或几种毫无关联的事物，在某一方面或消费者眼里看来具有雷同的效果，那么两种品牌通过某种方式进行跨界合作，效果远远大于两者单独相加的效果。

（2）寻找契合点，明确共同目标。企业之间必须要在找到契合点的前提下进行跨界营销活动。

（3）制定一个双赢或多赢的方案。跨界合作必须要达到合作企业双赢的目标，而目标的实现需要一步一步地实行，因为建立有效的双赢方案就是为目标定下每一步的落脚点。制定共赢方案比较理想的方法是：双方各自将自己在营销中需要达成的目的进行陈述，并向对方表明自己需要其进行的合作方式，最后根据双方各自陈列出的目标与合作方式进行协商，找出合乎双方利益的合作模式，根据这种模式制定合适的合同。

随着市场上的品牌越来越多，品牌进行销售的营销渠道同样随着社会的发展在增加。移动互联网给跨界营销带来了新的机遇和新的挑战，新媒体能够使受众对品牌形象的了解更进一步，使企业形象更加具体化和丰富化，但是缺少创新的跨界营销并不能让企业屹立于竞争中不倒。

第九章
社群电商的营销创新

关系营销：对用户的关注

所谓关系营销原理，其实就是一种销售方法，是一种融合了换位思考、客户参与以及建立信任等方法在内的综合性营销方法。关系营销方法要求销售人员灵活掌握并运用诸如目标处理、达成协议等技巧。

不管是过去还是现在，不管是哪行哪业，在这个社会运行的底层密码，就是人与人之间的关系，一切事情皆构建于此，政治家需要经营跟民众的关系，将军需要经营跟士兵的关系。这些经营关系的过程，在其他行业可能并不叫营销，但是基本规律却非常相似。

著名的"六度空间理论"认为"你和任何一个陌生人之间所间隔的人不会超过六个，通过五个中间人，你可以认识世界上任何一个你想认识的人"。这个有趣的理论引发了全世界范围的关注和探讨，直到现在依然热度不减。不少人都曾设想过，如何通过5个人和某位名人、商业大佬，或者自己的偶像，甚至暗恋的人"面对面"。这让整个世界都处在一个玄妙的"关系网"之中。

在移动互联网时代，"关系营销"显得尤为重要，无论是微信、社群，还是直播、网络红人都是建立在各种"关系"之上。

关系营销的最大影响力就是有信任做基础，当产品高度同质化，客户对价值无法区分或者提供的价值不太明确和无法量化的时候，客户更有可能放大对品牌和人的关注。如保险行业就是一个例子，客户付钱后会获得一个合同和承诺，因此，相信销售人员的为人人品，就变得十分重要。新的保险销售人员前期的保单也许大都来自于亲朋好友，据说保险公司不断招聘新的业务人员也是出于此考虑，等这些人把周围的人开发完了，也就到了离开公司的时候了。

所以，关系营销的核心内涵就是对"人"多关注，对用户关注到了，才有营销。可怎么关注呢？

要学会换位思考。优秀的营销人员关注客户而非产品本身，他们在销售之前往往会站在客户的角度来考虑问题，将心比心、感同身受。这与拙劣的销售人员只顾向客户推销产品而不站在客户的角度去考虑是否真正需要是完全不同的。优秀的销售人员理解客户关注的并不是所购产品本身，而是关注通过购买产品能获得的利益或功效。

运用换位思考要求销售人员对客户的购买行为具有强烈的敏感性。他们必须能够及时识别出客户的需求并向客户说明或演示该产品如何能满足他们的需求，解决他们的问题。从这个角度来说，客户购买并不是因为他们理解产品，而是因为他们的需求为销售人员所理解。

通过"关系营销"的内涵，我们可以得出这样的认识：

（1）关系营销是由许多管理"关系"的一系列活动所构成的一个社会性过程。

（2）关系营销的重点在于利益各方相互之间的交流，并形成一种稳定、相互信任的关系。

（3）关系营销的最终实现要靠产品或价值的成熟、顺利、高质量的交换。

（4）关系营销的一系列活动都是为了达到一定的营销目标。

从实践意义上讲，关系营销已经完全突破简单的企业与消费者之间的关系这一点，延伸到供应商、中间商及其他与企业直接、间接联系的社会团体、政府职能部门及个人等各方面。

为什么在中国很多传统行业都喜欢用关系营销呢？为什么发展几千年了一直存在而没有消亡呢？从商业的本质出发，交易来自有价值的资源之间的等价交换，关系本身就是一种资源，基于"亲情＋友情"的情感关系又是比较优质的资源。不管是过去的农业时代，还是后来的工业时代，现在的互联网时代及未来的人工智能、大数据时代，商业的本质不会发生改变，人与人之间的情感关系不会发生本质的变化，既然二者都不会发生改变，关系营销、情感营销，自然也就有了答案。因为交易的发生，需要信任做基础，而情感又是快速建立信任的纽带。

社群电商目前做得最好的要数拼多多，所以很多人把拼多多的团购营销称为"关系营销"，这是有一定道理的。

尽管团购并不完全靠"关系"，然而，现有的中国文化中，"人情世故"是不可避免的。中国人讲"通情达理"，往往是"通情"在前，"达理"在后。对于团购的购买方来讲，如果有两个备选品牌，旗鼓相当，那么，如果有一方与对方是熟人、同事、朋友关系，则无疑会近水楼台先得月。所以，作为企业，在合理、合法的前提下，在团购营销中要充分整合企业内外部资源。而拼多多最早的路子就是靠熟人之间的"关系"来实现团购，最终形成了现在的规模。

在传统的营销时代，我们销售一个产品，只要高于成本便可得到一定的利润。于是我们的主要精力在于营销，销售更多的产品；降低成本，以获得更高的利润。而在互联网＋时代，企业与客户可以建立起关系资产。关系资产是基于关系过程的价值体现。在买方市场条件下，用户通常是基于关系进行购买决策，在产业营销和服务营销中更为如此。因此，关键营销就是积累忠诚用户，一旦拥有了庞大的忠诚用户群体，便成为企业不竭的财源，是企业获得竞争优势的关键资源。忠诚的用户不仅多次重复购买，增加产品销售，还更易认可和接受新产品，缩短了新产品的介绍期，降低了市场风险，而且忠诚用户对竞争者的促销反应不敏感，节省了企业用于竞争的费用。

关系营销的构建和维系，首先需要考虑共同的利益目的，其次需要建立在情感的基础之上，再次是要处理好情感和利益的关系，做好利益分配，最后还得赢得竞争兑现承诺。只有利益目标，而离开互信的情感基础，很难长久发展。只有情感，没有利益关系，很难长久维系关系。唯有"情感＋利益"，才能够保持双方持续共赢。

无论是过去的短信群发和会员卡，还是立足于社交工具的社群，对于企业来说最终的目的是培养自己的忠实用户，把自己的企业形象持续地注入到用户的脑海里。让用户在想起一个产品或行业的时候，立刻就会想到自己的企业，通过这样一种方式稳固地拉升自己的产品销量。

互联网出现之前，受制于空间限制，商家拓展生意的主要渠道是门店拓展，通过在更多的地方开设更多的门店来接触更多的人群，从而达到更多的产品销售。这种方式不仅费时费力，而且还需要投入大量的资本，对中小企业来说十分困难。互联网的出现，人们足不出户就可以完成消费行为，因而门店不再是拓展生意的唯一渠道，而吸引用户的关注成为更有效的方法。

随着移动互联网时代的发展，人们通过手机随时随地在朋友圈和群里分享商品、分享使用的感受。所以渠道发生了极大的变化，一切关系皆为渠道。

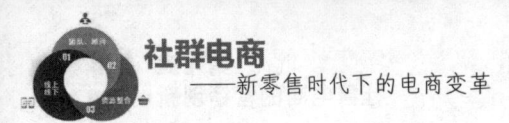

数字营销：数字化时代的营销机遇

无论零售业如何变革，从根本上还是离不开"货、场、人"这三个核心要素。传统零售更关注"货"和"场"，最关键的"人"反而成了弱势。而"新零售"在很大程度上，是回归到"人"这个要素。新零售的一大特征是线上线下的深度融合，这个过程实现的是对"人"的有效识别、需求洞察、多维交互和精准触达。

无论是共享医院、无人便利店的出现，还是盒马鲜生、京东超市等新零售模式的诞生，都反映着未来零售企业发展的趋势：提升"人"——用户体验将是提升销量的一把利剑。新零售的出现，表面上看是传统零售和电商面对各自的瓶颈而采取的优势互补，实质上却是满足当前消费主力在购物体验上的更高追求，给他们提供更高的价值。企业和商家产品利用大数据和人工智能技术，打破不同消费场景的边界，实时掌握线下客群的消费行为场景，从而对新老顾客、高低活跃人群做有效区别，让企业能更精准地细分客群，以满足不同消费群体的购物需求，使消费者获得更有品质和个性化的服务。

进入到互联网时代之后，由于消费者已经变成了数字化的人，手机以及各种社交媒体、电商平台记录了消费者的大量数据，而且消费者的数据体量大、维度全面，能真实地体现消费者的行为和态度，而且数据反馈很及时。这些数据都是基于消费者的自发表达和自发行为，不再是基于询问的结果，因此，一些基于问卷询问的传统营销指标体系也就不太适用了。

举个例子，传统的营销有一个最简单的指标——品牌知名度，这个指标是通过问卷中的问题获得的：请问你知道××品牌吗？或者当你想到洗头液的时候最先提到的品牌是什么，这些答案的结果就是品牌知名度。然而互联网时代不存在这样的数据，因此品牌知名度这样的指标就无法简单套用，需要一些新的指标体系来反映品牌和消费者的关系。如果能有工具和方法对这些数据进行处理，那么就是对市场营销最基础的工作——消费者洞察带来革命性的创新。

现在所谓的"互联网+"，其本质就是要实现与用户的连接。如何才算与用户实现了连接呢？其实将用户相关的数据收集上来，并实现了管理，便是实现连接的重要表现之一。

把数据采集完成以后，接下来就要对采集的数据进行分析和洞察。其目的是分析出数据后面消费者的消费习惯。通过大数据信息采集对客户的消费行为进行细分筛选，了解客户的需求，预测下一步消费计划，就能够制定相应的营销策略，以满足客户需求。如此就不用花费大量的时间研发报表，可以大大提高数据分析部门的工作效率，满足当今数据分析需求的激增。

当完成了数据采集和分析洞察以后，接着就是要落实到应用这一步。对于移动互联网企业而言，一套完善的大数据解决方案，不仅能帮助其提升运营等方面的能力，更能帮助其从用户留存、用户活跃、用户收入变现等方面实现全面的增长。毫无疑问，在大数据时代，企业面对的已经不只是数据技术能力的投资，而是如何应用这些数据产品，快速高效地去挖掘数据化运营的价值，从而切实推动业务快速增长。大数据可应用于各行各业，将人们收集到的庞大数据进行分析整理，实现资讯的有效利用。

伴随着生活方式的数字化，消费者的行为越来越复杂，尤其是随着移动互联网成长起来的群体，他们对新技术往往能够更快、更娴熟地使用，对品牌会有更高的要求和期待，企业要培育和提高消费者的品牌忠诚度也就越来越难。只有深化企业的数字化能力，深入了解消费者的需求，并为其提供个性化的产品与服务，才能在这个瞬息万变的环境下创造更多的新机遇。

在新零售时代下，零售企业商应该利用大数据的商业力量来提高商品的转化率。某些电商平台的发展和成功，并非因为他们向消费者提供信息，而是他们向消费者提供快速决策和进行下一步行为的便捷路径。

消费者的每一步行为都会留下大量的数据，通常各种类型的数据会混杂在一起。对于这些数据，新零售公司需要充分将这些数据结构化并进行大数据挖掘，从而提供个性化购买建议和促销信息，提供全渠道的客户购买体验，激发消费者的情感连接。

大数据不仅让市场营销有了更加丰富的数据，更让人改变了看待市场营销的角度。同时，由于互联网是一个链接的世界，从信息的获取到采取行动之间的距离就是一个点击而已。通过数据在某个平台圈定的人群，不仅仅是研究的对象，其本身就是消费者，直接就可以变成广告投放平台的受众，中间完全可以通过技术实现无缝的连接。在这样的情况下，消费者的选择模式发生了根本的变化，也让洞察、策略、行动成为一个整体的动作，从而也在重塑新的营销模式。在这个新的模式中，只要有数据就可以洞察消费者，就可以通过技术的手段直接触达消费者。

比如，马云推出的线下生鲜超市盒马鲜生迄今为止有十多家店，家家人满为患。星巴克创造的第四空间，在星巴克上海烘焙工坊，顾客打开手机淘宝"扫一扫"功能，便可观看到星巴克咖啡烘焙、生产及煮制的全过程。此外，星巴克上海烘焙工坊还与支付宝合作推出了特有的"边逛边等"功能。消费者使用支付宝扫码付款后，可以在工坊里边"逛"边等通知。咖啡制作完成后，支付宝 APP 会推送一条取餐提醒，这样一来，无聊的等餐时间就可用于探索烘焙工坊的隐藏秘密。

如良品铺子通过大数据，实现了线上线下的整合营销，开辟的渠道有：2100 多家实体门店；天猫、京东等线上电商平台；本地生活平台，饿了么、美团外卖、口碑外卖、百度外卖等；良品铺子的 APP；微信、QQ 空间、百度贴吧等社交电商，合计线上渠道共 37 个。全渠道不是把所有的渠道集合在一起就万事大吉。其核心还在于把生态链各要素打通，包括客户信息、促销、产品、订单、物流等等。而这一技术难度之高，是难以想象的。为此，良品铺子投入巨资，历时数年，靠着数据营销最终实现了全渠道的打通。全渠道信息流、资金流、物流等打通之后，效率的提升、客户体验的提升，可谓一日千里。比如，我在线上下单，就近店铺取货；比如，我在网上拿到红包，到线下店消费兑现。可以说整合之后，都是优势。

经营的核心环节将是数字化，所有跟良品铺子发生交易和互动的顾客的行为和环节，全部都会记录下来。商品卖给了谁、他为什么感兴趣、回头率有多少、有多少利润贡献；包括核心会员对美食的评论、对健康的评论、对旅游的评论，良品铺子的系统都会记录，数据抓取，进行精准分析。

目前，良品铺子的线上线下会员达到几千万。几千万会员积累起的消费数据以及用户画像非常可观，这是一个数据富矿。这种用全渠道的模式挖掘会员价值的方式正在为打通会员、商品、促销、物流、订单等打下基础，对于未来的精准营销、智慧物流、门店选址甚至是新口味零食的开发都会有着非常重要的作用。不得不说这是新零售+大数据产生的效果。

在新零售模式下，企业依托大数据技术，激活内部数据，通过专业化信息平台建设和多源化数据采集，全线打通内部数据，深入挖掘和分析数据资源，实现用户会员跨区域共享信息，从而激活潜在用户，甚至"老客新单"挖掘二次销售机会，直接产生经营价值，实现精准营销。这是大数据助力新零售模式的关键之一。

第九章 社群电商的营销创新

知识营销：开发和利用人力资源

知识营销到底是什么？用大白话讲，就是通过知识来做营销。官方对其释义为：通过有效的知识传播方法和途径，将与品牌相关的知识、经验、见解等有价值的信息传递给目标受众，使其逐渐形成对企业品牌和产品的认知，深度影响消费决策的过程和各种营销行为。

不管教材如何定义，知识营销是这样一种行为：在一个领域，做到"成精"般的精通，然后通过不同的载体，如互联网、报刊、图书、活动等（这些不同的载体彼此也有互动关系）来展示和传递这种精通，从而吸引客户。

比如，知乎找到了麦当劳，用一包酱料，就引发了一场知识风暴。再比如，皇家美素佳儿在知乎上开通了"知乎北鼻版"，其上问题大多来自孩子的天真发问，但似乎吸引了更多年轻父母用户。"天真问，认真答"通过知乎衍生内容页面进行承载，真正形成了品牌内容资产。这打破了目前母婴口碑同质化建设方式，布局了一个立体口碑生态，从而实现了更深更广的影响力和传播力。

如果说，情感营销对于客户维护的核心作用在于经常让客户感受到我们的存在与善意，即在客户心中"刷存在感"的话，那么，与之相比，知识营销在客户维护与开拓工作中的作用更具备主动性色彩，因为我们要通过态度中

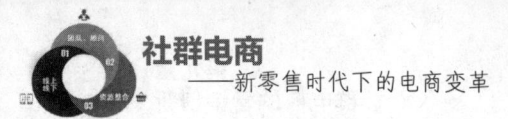

立、内容客观的递进式知识营销,让客户在不同的营销触点上,产生对营销人员及其产品、服务有利的正面印象。或者也可以这么说,营销人员要通过有目的、有计划的知识营销,在客户心目中建立自己的专业形象。

知识营销做得成功的要数"知乎",作为中文互联网最大的知识分享平台,知乎这块"风水宝地"早就成为了品牌商们的必争之地,甚至还有人断言,"如果知乎都做不好,那其他平台可能更难"。因此,一个有回答欲的问题再加上明确的品牌目的以及品牌的落地反馈,最大化地实现了用户转换。

知乎用户还很乐于将变为知识的"广告"分享给其他人,并附加上自己的经验和见解,与更多朋友探讨和交流。这就等于说,知识营销让品牌的关注者都成为了品牌的"传播种子",在品牌和用户交易关系的基础上,建立起更长远的信息供需关系。

知乎公认的营销策略就是:优质内容+强互动形式+社交化传播。在这个过程中,生产者和用户共同创造优质内容,因此,其传播更深入也更精细化,能让用户对品牌形成深度认知,用户分享和传播也就是自然而然的事了。

如今的社会信息传播路径已经发生改变:碎片化信息泛滥、优质内容稀缺、高价值"知识"成为风口,知识平台比以往任何时候都能吸聚越来越多的优质流量和用户时间。随之产生的现象是"知识型"消费者引领大众消费趋势,于是,如何占领"知识型"信息中枢消费者,如何影响TA的消费决策,就成为打赢这场战役的关键。想要进行"知识营销",具体从哪几个方面进行呢?

一、谈观念和知识的时候，态度要中立

所谓中立就是不要带着说教的口气，更不能带出要推销产品做广告的嫌疑，对一个问题的回答和讨论要客观、中立，不要给别人造成"只有你说的对，别人都不对"的印象。只要在对自身产品和服务加强学习研究，就会有足够的信心，通过客观传递知识照样取得客户的认可，根本不是非要通过主观色彩强烈的方式去向客户强行灌输。相应地，在做知识营销的过程中，不要盲目地对一些自己并不确定的事件（尤其是热点事件）急于表态，否则在迎合一些客户的同时，有可能与更多客户在观念上形成冲突，这是不利于客户全面维护工作的。

二、好的内容贴近客户

知识营销要先站在客户的立场去思考客户最关心、最在意的是什么，客户需求才是王道。同时，与上一条类似，不要急于对自己并不足够了解的事情下结论，在引用他人观点时，尽量选择领域内官方机构和权威专家的，同时要说明所引用观点的来源。

三、事先计划，知识要有逻辑

无论是情感营销还是知识营销，都要提前做好规划，提前确定好在哪些时间点与客户进行哪些主题的互动，并提前准备好相应的内容。情感营销因为更多侧重于"刷存在感"，因此点与点之间，可以是平行的、相互独立的。而知识营销因为需要树立专业形象并对客户产生所期望的引导作用，所以点与点之间，在内容上要注意逻辑关系。

在没有接触知识营销之前，可能很多人会质疑真的有那么多人去回答那

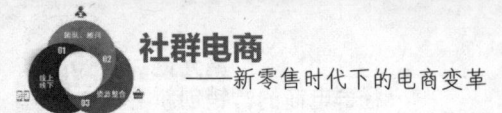

些稀奇古怪的问题吗?还有那些因为素不相识的人的提问而写上千字回答的人,他们图什么呢?而现在我们有理由相信,知识分享的过程真的可以很有趣,它给到的那种单纯的快乐让我们在这个商业又混沌的年代,拥有一种情感的寄托,我想这就是知乎——分享的力量,也是知识营销的力量。

速度营销：提升速率，为用户创造更多价值

速度营销是将主要精力放在如何更快地为消费者提供产品或服务，争取以快制胜的一种营销方式。

谁快谁就赢，谁快谁生存，这是自然界的生存法则，在网络社会、社群电商中同样适用。在武侠世界里，天下武功，唯快不破，商业世界同样如此，尤其在互联网行业。近些年来，以快制胜的案例太多了，要说明快以及抢占先机的重要性，下面有一则笑话很值得参考。

很久以前，有一位商人，带着两袋大蒜，一路跋涉到了阿拉伯地区。那里的人从来没有见过大蒜，更想不到世界上还有味道这么好的东西，因此他们用当地的最热情的方式款待了这位精明的商人，临别的时候还送给他两袋金子作为酬谢。另外一位商人听说这件事后，不禁为之心动，他想，大葱的味道不是也很好吗？于是，他就带着满满的两袋大葱来到了那个地方，那里的人同样也没有见过大葱，他们觉得大葱的味道比大蒜的味道更好。

当地人盛情款待了这个商人。在为商人送行的时候，这里的人一致认为，用金子远不能表达他们对远道而来的客人的感激之情，经过再三商讨，决定赠

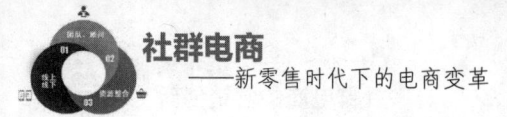

送给这位朋友他们最喜爱的东西——两袋大蒜。

看似是一个笑话,但恰恰说明了机遇转瞬即逝,第一时间抢占先机的重要性。速度营销,提升速率,为用户创造更多。

听说,海尔的CEO张瑞敏在一次中层干部会议上,提出了这样一个问题,他问大家:"如何让石头浮在水面上?"

有人说把石头挖成空心的,张瑞敏说石头是实心的,你没有条件将它挖空;有人说把石头放在木板上,张瑞敏说我们也没有条件找来一块木板。

……

最后,张瑞敏公布了答案:

用飞快的速度将石头掷出去,通过打水漂的方式就可以让石头浮在水面上。这就是海尔倡导的:快速反应,马上行动。所以,企业之间的竞争就是速度的竞争,谁领先谁胜出。

从微博开始,移动营销的平台和工具就一直在变,并且越来越快,从微博到微信用了4年,从微信到网红直播只用2年,这种营销渠道的更新只会越来越快,营销的速度似乎就是一个企业成长的速度。

产品营销发展得有多快?看看运营的推广手段就知道:

当人们还在津津乐道某某企业在通过话题制造宣传效果的时候,几个月过后别的企业已经改用文艺广告刷屏了,等你急着也想模仿的时候,发现用户已经对文艺广告的推广方式没有感觉了。所以从营销手段的快速转变就能看到营销速度有多快。

速度营销我们能得到哪些启示呢?

（1）碎片化时代，优质资源更加稀缺，品牌要随时做好抢占优质资源的准备，包括平时对品牌实力的积累并对资源变化保持密切关注和高度敏感；只有保持敏感，才能随时随地调整战略。

（2）强化实时内容创意能力。数字化时代，热点舆论速生速死，传统营销物料生成形式正被快速解构，品牌的创意管理要实现实时化、扁平化、众筹化。

（3）强化技术与营销团队的融合，实现技术语言与创意语言的快速无缝沟通，提升用户的信息与产品体验，强化参与感。

（4）内容创意要有态度，更要有意思。营销表达态度很容易，但是怎么能让你的态度被接受、被传播？用有意思的创意手段，辅助态度的表达，让内容走心，才能得到消费者宝贵的"一看一转"。

（5）不哗众取宠，用正能量感染消费者。数字营销不是哗众取宠，只有为消费者带去更加正面的情绪感受，承担起一个大品牌的社会责任，才能真正地有助于品牌成长。

只有这样才能在强调速度营销的当下，在提升速率的同时，为用户创造更多的价值。

参考文献

1. 叶小荣.社群电商：盈利模式·架构设计·品牌规划·日常管理.北京：电子工业出版社，2017.

2. 谢佩峰、叶青、吴磊.社群营销与运营实战.湖北：华中科技大学出版社，2019.

3. 龚文祥.微商高手运营实战.北京：电子工业出版社，2017.

4. 文艺IT虎.流量革命：IP社群电商构建与变现.北京：机械工业出版社，2019.

5. 其他参考资料来自百度.今日头条.微信公众号等网络平台.